INKE JOCHIMS

Süchtig nach Süßem?

So schaffen Sie den Ausstieg aus der Zuckersucht

Impressum:

Autorin: Inke Jochims
Lektorat: Mag. Eva Manhardt
Cover: Kurt Hamtil
Graphische Gestaltung: Beatrix Kutschera, www.atelier21.at
Technische Betreuung: Johann Kutschera, www.atelier21.at
Bildnachweis: S. 4 stockbyte, alle anderen Bilder iStockphoto.com
Druck: General Druckerei GmbH, Ungarn

www.kneippverlag.com

ISBN: 978-3-7088-0444-6

2. Auflage, Juni 2009

Inhalt

EINFÜHRUNG 5

WANN UND WIE ENTSTEHT SUCHT? 7
Blutzuckerspiegel,
Insulin und Insulinresistenz 12
Insulinresistenz 16
Cortisol und Blutzuckerspiegel 19

DAS SÜCHTIGE GEHIRN 21
Botenstoffe und Wahrnehmung 21
Schneller, höher, weiter: Dopamin 22
Bremse und Entschleunigung: Serotonin 23
Wie Dopamin und Serotonin
den Appetit beeinflussen 26
Der Aufbau von Dopamin 29
Cortisol 30
Cortisol und Psyche 32

ZWEI TYPEN VON MENSCHEN 37
Der Handlungssuchende 37
Der Ruhesuchende 40

WIE RICHTIGE ERNÄHRUNG HILFT 45
Grundlage für beide Ernährungstypen 45
Drei Grundnährstoffe:
Kohlenhydrate, Fett und Eiweiß 45
Kohlenhydrate 46
Diätgetränke 54
Zucker und Süßstoff 54
Fette 57
Aminosäuren 60
Trinken 62
Nahrungsergänzungsmittel 63

Ungünstige Lebensmittel
für beide Typen 64
Günstige Lebensmittel
für beide Typen 66
Unterschiede in der Ernährung von
handlungssuchenden und
ruhesuchenden Menschen 69
Die Ernährung für den Handlungssuchenden .. 69
Die Ernährung für den Ruhesuchenden 70

IN 10 WOCHEN AUS DER
ZUCKERSUCHT AUSSTEIGEN 74
Welcher Typ bin ich? 74
Test 76
1. Woche: Adieu, Kaffee 79
2. Woche: Frühstück 85
3. Woche: Der Entzug von Alkohol 91
4. Woche: Mittagessen 95
5. Woche: Gesunde Fette 101
6. Woche: Abendessen 107
7. Woche: Ich brauche keine Schokolade 113
8. Woche: Das Ende von Zucker
und Weißmehl 117
9. Woche: Ich bin eingeladen – was nun? 121
10. Woche: Endlich zuckerfrei! 127

Einführung

Menschen, die Alkohol missbrauchen, gelten als süchtig. Raucher gelten als süchtig. Wer wiederholt Ecstasy schluckt, gilt als süchtig, und wer Kokain schnupft ebenfalls. Die Liste der Mittel, die man rauchen, trinken, schnupfen und spritzen kann, nur um für Momente sein Wohlbefinden zu erhöhen, ist lang und giftig. Alle diese Suchtformen haben jedoch eines gemeinsam, sie sind in der medizinischen und psychologischen Diagnostik als sogenannte „stoffgebundene" Süchte definiert und als Krankheiten offiziell anerkannt. Ganz anders dagegen **Zuckersucht**.

„Stoffgebunden" heißt, dass man annimmt, ein bestimmter Stoff, wie z.B. Alkohol, löst die Sucht aus. „Nicht stoffgebunden" heißt, man nimmt an, das Problem sei rein psychisch und hätte nichts mit einem bestimmten „Stoff" zu tun. Spielsucht z.B. gilt als „nicht stoffgebundene" Sucht. Essstörungen gelten ebenfalls als **„nicht stoffgebundene"** Süchte, d.h. man tut so, als hätten Essprobleme nichts mit dem „Stoff", den man konsumiert, zu tun. Zuckersucht gilt als „nicht stoffgebundene" Sucht. Das bedeutet, offiziell geht man davon aus, dass Zucker kein Stoff ist, der süchtig machen kann, und das hat in der Kommunikation mit zuckersüchtigen Menschen häufig fatale Folgen.

Für Alkoholiker beispielsweise gibt es Schutzgesetze und Krankenhäuser. Es gibt in vielen Firmen Suchtbeauftragte. Die meisten Ärzte sind über das Problem informiert und niemand, der schon einmal mit einem Alkoholiker gearbeitet hat, käme auf die Idee, ihm zu sagen: „Aber Sie müssen doch lernen, wieder normal zu trinken, ein Glas Wein am Abend oder einen kleinen Schnaps oder so, das sollten Sie schon hinkriegen." Jeder Arzt und jeder Therapeut kennt den Begriff **„Suchtgedächtnis"** und weiß, dass dieser Ratschlag für den Patienten der sichere Untergang wäre. Es würde nie bei einem Glas bleiben.

Erstaunlicherweise ist das bei Zucker ganz anders. Wer zum Arzt geht und ihm beichtet, er oder sie wäre zuckersüchtig, wird häufig entweder als Spinner definiert – oder als essgestört. (Einige Ärzte kennen sich allerdings aus.)

Zucker gilt im Unterschied zu Alkohol oder Nikotin nicht als Droge, sondern als Lebensmittel. Und daher wird das Problem häufig so wahrgenommen, als hätte jemand, der in Wahrheit ein Zuckerproblem hat, ein **„Essproblem“**.

Der Behandler nimmt also an, dass Süchtige, die zu viel Alkohol trinken, diesen künftig besser ganz meiden sollten, und darauf arbeitet er oder sie auch hin. Süchtige, die zu viel Zucker essen, sollen dagegen lernen, „normal“ zu essen, also ein Stückchen Schokolade und nicht die ganze Tafel, denn das sollte man schon hinkriegen. Als „normal“ wird sehr häufig das wahrgenommen, was alle tun, und im Grunde versucht man Menschen, die mit einer krankmachenden „Normalität“ nicht gut zurechtkommen, an diese wieder anzupassen.

Nun ist aber Zucker nicht nur ein Lebensmittel, sondern auch eine Droge und Zuckersucht kann sehr wohl als eine stoffgebundene Sucht verstanden werden, wie Alkoholsucht oder Nikotinsucht eben auch. Genau wie Alkohol und Nikotin kann Zucker **körperlich abhängig** und **krank** machen.

Die wichtigsten körperlichen Probleme, die nach langjährigem Zuckerkonsum auftauchen können, sind Herzerkrankungen, Krebs, Diabetes II, Akne, Nierenprobleme, Schlafstörungen, ein schlecht funktionierendes Immunsystem. Ebenso Stimmungsschwankungen, Angstzustände, Depressionen, Konzentrationsprobleme und natürlich Übergewicht. Es gibt also genügend Gründe, Zucker wegzulassen.

Zucker gilt im Unterschied zu Alkohol oder Nikotin nicht als Droge, daher wird das Problem häufig nicht wahrgenommen.

Ich weiß, dass das manchmal schwierig ist. Freundinnen, Mütter und Großmütter haben Geburtstag und bieten Kuchen und Kekse an. Es wird Weihnachten und die Schokomänner stauen sich in den Regalen, lange vor dem ersten Advent. Alle essen Zucker und wer nicht mithalten „darf", der fühlt sich leicht **ausgeschlossen**. Die meisten Menschen können lernen, „normal" mit Zucker umzugehen, das heißt, ein Stück Kuchen oder Schokolade zu essen und dabei bleibt es. Dies Buch gibt dafür viele Hilfestellungen.

Aber manche Menschen können das nicht. Wenn sie mit Zucker einmal anfangen, können sie nicht mehr aufhören und deshalb müssen sie den Zucker ganz weglassen. „Sucht" (oder korrekt laut Weltgesundheitsorganisation WHO „Abhängigkeit") wird im Allgemeinen definiert als ein Zustand, in welchem jemand eine Droge weiterhin konsumiert, obwohl er mittlerweile festgestellt hat, dass dieses Verhalten seiner **Gesundheit** und seinen **sozialen Kontakten** bzw. seinem Berufsleben schadet, und in welchem mehrere Versuche des Betroffenen, mit dem Konsum dieser Droge aufzuhören, **gescheitert** sind. Ein wichtiges Merkmal ist der **Kontrollverlust**. Man nimmt sich vor, morgen mit dem Rauchen aufzuhören, und schafft es nicht. Ein Alkoholiker trinkt schon mittags, obwohl er es bewusst nicht will, und „muss" dann weitertrinken, bis die Flasche leer ist und er umfällt. Das Gleiche gilt für den Zuckerkonsum. „Ich stehe neben mir und sehe mich essen, ich schäme mich, ich bin längst satt, aber ich esse drei Stück Kuchen", sagt Anna. Einige Frauen essen fünf Tafeln Schokolade.

Der Sucht voraus geht in aller Regel eine Phase, in welcher jemand eine Substanz zwar missbraucht, aber noch nicht wirklich abhängig ist, d.h. der völlige Kontrollverlust noch nicht eingetreten ist. **Missbrauch** heißt, dass jemand Alkohol trinkt, nicht des Genusses wegen, sondern um seine Stimmung zu manipulieren, wenn er oder sie gestresst, deprimiert, ängstlich ist. Der Übergang zwischen normalem

Konsum und Missbrauch ist fließend. Das Gleiche gilt für den Konsum von Zucker. Wer nach einem erlesenen Menü ein ebenso erlesenes Dessert genießt und das einmal pro Monat, konsumiert Zucker um des Genusses willen und ist nicht süchtig. Wer jeden Tag eine Tafel Schokolade braucht, weil er sich sonst mies fühlt, missbraucht Zucker. Wer fünf Tafeln isst, weil er einfach nicht mehr aufhören kann und auch nicht kontrollieren kann, wann er damit anfängt, ist süchtig. Das gilt auch, wenn jemand den ganzen Abend Brötchen isst, obwohl er es nicht will, endlos Kartoffelchips knabbert usw.

Dies Buch richtet sich vor allem an solche Frauen und Männer, die Zucker regelmäßig missbrauchen bzw. bereits süchtig sind, und an solche, die es erst gar nicht werden wollen. Denn anders als bei Alkohol oder Nikotin kann man der Droge „Zucker“ **kaum entgehen**, wenn man seine Nahrung nicht sehr bewusst auswählt. Ein weiterer Unterschied zum Alkohol oder Nikotin ist: Es gibt Schutzgesetze für Kinder und Jugendliche. Wer einem Zweijährigen einen Schnaps verabreicht und dabei erwischt wird, dem wird recht bald das Kind weggenommen. Wer seinem Kind immer dann einen Riegel Kinderschokolade in die Hand drückt, wenn es brüllt, gilt laut Werbung als gute Mutter. Zucker ist die **Einstiegsdroge für Kinder**.

Zucker ist die Einstiegsdroge für Kinder.

Ob man süchtig ist, merkt man, wenn man versucht, die Droge wegzulassen. Wenn dann **Entzugssymptome** wie Kopfschmerzen, Stimmungsschwankungen, Depressionen, Irritierbarkeit und Müdigkeit auftreten, ist das ein klares Zeichen, dass man körperlich abhängig ist. Wenn man dann wieder Zucker isst und die Symptome auf magische Weise verschwinden, ist das ein sicheres Zeichen für körperliche Abhängigkeit.

Sucht hat viele Aspekte. Einer davon ist körperlich und hier wird das vorliegende Buch einige Ratschläge geben. Beispielsweise ist ein **ausgeglichener Blutzuckerspiegel** wichtig. Ein niedriger Blutzuckerspiegel heizt das Suchtverhalten immer wieder an – und hier kann man einiges falsch oder eben auch richtig machen. Aus körperlichen und emotionalen Gründen ist bei einigen Menschen der Blutzuckerspiegel instabiler als bei anderen. Ebenso wichtig, wenn nicht sogar entscheidend, ist die individuelle Höhe des **Cortisolspiegels**. Cortisol ist ein Botenstoff, der bei Stress vermehrt ausgeschüttet wird und die Aufgabe hat, zusammen mit Adrenalin **Stressbewältigungsmechanismen** in Gang zu setzen. Bei manchen Menschen wird unter Stress mehr Cortisol ausgeschüttet als bei anderen. Das wiederum bestimmt, wie stark jemand gefühlsmäßig auf ein Ereignis reagiert – und wie schnell er Kohlenhydrate verbrennt. Cortisol ist das „Missing Link" zwischen psychischem Erleben und Essverhalten. Bei manchen Menschen ist der Cortisolspiegel zu niedrig und bei manchen zu hoch. Das wirkt sich auf die Verbrennungsgeschwindigkeit von Kohlenhydraten aus und somit darauf, wie schnell jemand wieder Hunger kriegt und wie stark die Gier auf Süßes ist. Daher ist eine **typgerechte Ernährung** notwendig. In diesem Buch erfahren Sie, wie Sie Ihren „Typ" herausfinden können und sich entsprechend richtig und angemessen ernähren können. Ein **10-Wochen-Programm** hilft Ihnen, Schritt für Schritt aus der Sucht auszusteigen.

Wann und wie entsteht Sucht?

Viele Menschen können trotz der Gefahr für den Blutzuckerspiegel und trotz der Wirkung von Zucker Süßes essen, ohne abhängig zu werden, genau wie viele Menschen Alkohol trinken können, ohne Alkoholiker zu werden, trotz des unbestreitbaren Suchtpotenzials von Alkohol. Unter welchen Umständen wird ein Mensch nun süchtig bzw. abhängig?

Für Sucht gibt es zahlreiche **Ursachen**, psychische wie körperliche. Aber trotz intensiven Suchens hat man keine einheitliche Suchtpersönlichkeit gefunden, genauso wenig wie „den" einen Grund. Aber mehr und mehr werden einige Erkenntnisse deutlich, die bisherigen Annahmen zuwiderlaufen. Bisher ging man weitgehend davon aus, dass Sucht rein psychische Ursachen hätte. Daher hat man nach den körperlichen Ursachen kaum geforscht.

Einer der größten Fehlschlüsse menschlicher Logik ist folgende Annahme: Psychische Probleme, seien sie durch Verhalten oder Intelligenz beeinflusst oder auf der Basis einer schwierigen Kindheit entstanden, werden durch psychologische Faktoren beeinflusst und sollten psychologisch behandelt werden. Physische, also körperliche, Probleme hingegen werden durch physiologische Faktoren bedingt und müssen mittels Medikamente oder verbesserter Ernährung behandelt werden. Natürlich müssen psychische Probleme auch psychologisch behandelt werden, aber ebenso wie körperliche Probleme häufig „psychosomatisch" sind, können psychische Probleme das **Resultat körperlicher Mangelzustände** sein.

Sucht entsteht im Gehirn. Es gibt **Suchtstoffe** wie Nikotin, Alkohol oder Zucker und es gibt ein „süchtiges Gehirn". Beide müssen zusammentreffen, damit Sucht entsteht. Durch einen physiologischen Prozess müssen bestimmte Botenstoffe hergestellt werden, die für psychisches Geschehen verantwortlich sind. Und dies hängt wiederum unmittelbar mit der Ernährung zusammen. Es gibt also eine sehr enge Verbindung zwischen Gefühlen, Gedanken und Essgelüsten. Diese ist keinesfalls nur rein psychisch, sondern ganz real physisch. Wenn nämlich bestimmte Nahrungsmittel oder Vitamine und Mineralstoffe fehlen, können im Gehirn bestimmte **Botenstoffe** nicht aufgebaut werden und das hat sofort **Auswirkungen auf die Psyche**.

Wahr ist, dass Psyche und Körper untrennbar miteinander verbunden sind und es eben nicht möglich ist, Sucht nur psychologisch zu behandeln. Ein **stabiler Blutzuckerspiegel** ist für den Ausstieg aus der Zuckersucht daher ebenso wichtig wie die Erkenntnis, unter welcher Art von **Stress** man gerade leidet.

Blutzuckerspiegel, Insulin und Insulinresistenz

Stellen Sie sich vor, Sie möchten ein Feuer anzünden, das Sie einen ganzen Abend lang warm hält. Angenommen, Sie würden versuchen, nur altes Papier zu verbrennen. Das könnte nicht funktionieren. Papier verbrennt schnell und heftig, es ergibt ein ganz kurzes Feuer, das umgehend wieder erlischt. Wenn Sie es wirklich längerfristig warm haben wollen, brauchen Sie einen Stoff, der langsam verbrennt. Das kann Holz sein oder Kohle, je nachdem ob Sie einen Kamin beheizen wollen oder einen Ofen.

Genauso ist es mit Nahrung. Zucker und raffinierte Kohlenhydrate wie Weißbrot, Pizza oder Kuchen sind wie Papier. Sie verbrennen im Körper schnell und heftig, sorgen dafür, dass sehr leicht Fett gespeichert wird und machen schnell wieder hungrig. Also isst man schnell wieder etwas, meist etwas Süßes, und so wird das Papierfeuer wieder anfacht. Das ergibt einen **sehr instabilen Blutzuckerspiegel**.

Als „Blutzuckerspiegel" oder auch „Blutglukosespiegel" bezeichnet man die Menge an Glukose (Einfachzucker), die im Blut gelöst schwimmt.

Weißbrot macht schnell wieder hungrig.

BLUTZUCKERWERTE

Normal sind Blutzuckerwerte zwischen 85 und 105 Milligramm Glukose pro 100 Milliliter Blut.

	Blutzucker (BZ) mg/dl	**Blutzucker in mmol/l**
Erwachsene	90 –110	5,0 – 6,1
Jugendliche	90 – 110	5,0 – 6,1
Schulkind	80 – 110	4,4 – 6,1
Kleinkind	80 – 110	4,4 – 6,1
Säugling	60 – 90	3,3 – 5,0
Neugeborenes	60 – 90	3,3 – 5,0

Das sind die Werte, bei denen Gehirn und Nervenzellen optimal versorgt werden. Nach dem Verzehr von Süßspeisen kann der Blutzuckerspiegel auf über 300 mg/dl klettern.

Folgende Werte sind zu tief:

75 mg/dl: Man fühlt sich unruhig.

65 mg/dl: Gereizt, leicht aggressiv, man neigt zu depressiven Verstimmungen.

55 mg/dl: Man ist extrem müde; Angstzustände und Schwindelgefühle treten zusätzlich auf.

45 mg/dl: Unfähig, einen klaren Gedanken zu fassen. Man fühlt sich verzweifelt und weiß nicht, wie man den Tag, die nächsten Stunden meistern soll. Trotz größter Müdigkeit ist man unfähig einzuschlafen.

30 mg/dl: Selbstmordgedanken

Bei normalen Zuckerwerten fühlt man sich satt und ausgeglichen.

Bei normalen Blutzuckerwerten fühlt man sich **satt** und **ausgeglichen**, ist fähig, sich zu konzentrieren und Probleme angemessen zu lösen.

Ein niedriger Blutzuckerspiegel hat Folgen: Der Körper verlangt dann nach Nahrung, die das Gehirn (schnell) braucht, und entwickelt ein **Verlangen nach stärke- und zuckerhaltiger Nahrung**, etwa nach Alkohol, Schokolade, Eis, Kuchen und Gebäck. Das kann sich bis zu einer **unkontrollierten Heißhungerattacke** steigern. Ein niedriger Blutzuckerspiegel bedeutet: **Heißhunger!**

Insulin hat die Aufgabe, gelöste Glukose (Einfachzucker) in die Körper- und Gehirnzellen hineinzuschleusen. Ohne Insulin würde der Mensch verhungern, egal wie viel er isst, weil keine Nahrung in den Zellen ankäme. Wenn man gerade gegessen hat und der Blutzuckerspiegel hoch ist, dann wird die Glukose, die im Blut gelöst ist, in die Zellen geschleust. Das macht der Körper, solange er annimmt, dass die Energie sofort gebraucht wird. Wenn es überflüssige Glukose im Blut gibt, wird diese als **Fett** gespeichert, ein kleiner Teil wird in der Leber und den Muskeln als **Glykogen** gespeichert.

Durch die Einwirkung von Insulin sinkt der Blutzuckerspiegel wieder ab. Ist der Blutzuckerspiegel zuvor stark angestiegen, wird dementsprechend mehr Insulin ausgeschüttet und der Blutzuckerwert sinkt

Ein niedriger Blutzuckerspiegel bedeutet: Heißhunger!

somit auch stärker ab. Wenn viel zu viel Insulin, wie nach dem Konsum von Zucker und Weißmehl, ausgeschüttet wird, sinkt der Zuckerspiegel viel zu schnell wieder ab – und genau das löst die nächste Heißhungerattacke aus.

Hinzu kommt Folgendes: Normalerweise, wenn die im Blut gelöste Glukose nach einer Mahlzeit verbraucht ist, greift der Körper auf seine Reserven zurück. Bei einem gesunden Menschen, der sich angemessen ernährt, gelingt es der Leber, den Blutzuckerspiegel einigermaßen konstant zu halten. In den Zeiten zwischen den Mahlzeiten, also wenn man gerade nichts isst, gibt die Leber gespeicherten Zucker ins Blut ab. Sie ist fähig, Glukose in Form von Glykogen zu speichern, wenn viel Glukose vorhanden ist, und wandelt Glykogen in Glukose um, wenn der Blutzuckerspiegel abzusinken droht, so dass Gehirn- und Körperzellen immer konstant mit Nahrung versorgt werden und der Blutzuckerspiegel auf einem konstanten Wert bleibt.

Anders hätte die Menschheit in den Jahrmillionen, in denen sie ohne Kühlschrank auskommen musste, wohl kaum überlebt. Menschen können tage- oder wochenlang ohne Nahrung (allerdings nicht ohne Wasser) auskommen und nach einer Anfangsphase, in der der Blutzuckerspiegel absinkt und man sich hungrig fühlt, ist der Hunger irgendwann vorbei und der Blutzuckerspiegel bleibt auf niedrigem Niveau konstant.

Ist allerdings zu viel Insulin im Blut, kann die Leber die in ihr gespeicherte Glukose (Glykogen) nicht ins Blut abgeben. Die Folge ist, dass der Blutzuckerspiegel unnatürlich schnell wieder absinkt, gekoppelt an die Neigung, sehr schnell und sehr häufig wieder hungrig zu werden. Und so kommt es erneut zu Essgelüsten nach stärkehaltigen Kohlenhydraten.

Die Menge des ausgeschütteten Insulins bestimmt auch, welche Energie der Körper nach und vor allem zwischen den Mahlzeiten verbrennt. Bei der **Energieverbrennung** hält der Körper eine strikte Reihenfolge ein:

1. Alkohol (denn es gibt für den Körper keine Möglichkeit, Alkohol zu speichern),

2. Proteine (also Eiweiß),

3. Kohlenhydrate,

4. Fett.

Üblicherweise besteht die Energie, die verbrannt wird, aus einer Mischung aus Kohlenhydraten und Fetten. Ob in dieser Mischung Kohlenhydrate oder Fette überwiegen, regelt der aktuelle Insulinspiegel im Blut. Ist dieser hoch, dann speichert der Körper das Fett und verbrennt die Kohlenhydrate. Ist der Insulinspiegel niedrig, verbrennt der Körper vor allem Fett. Solange Insulin im Blut ist, findet kein Fettabbau statt, egal, ob man kaum etwas gegessen hat oder Sport treibt. Für alle Formen der Gewichtsreduktion sind daher **Insulinpausen** notwendig.

Insulinresistenz

Damit die Glukose aus dem Blut in die einzelne Körperzelle hineintransportiert werden kann, muss sich das Insulin mit der Zelle verbinden. Wenn es an der Zelloberfläche – der Membran – angedockt hat, kann es Glukose in die Zellen hineinschaufeln und die Zelle wird so ernährt. Für dieses Andocken an der

Zellmembran, der Außenhaut der Zelle, braucht die Zelle eine Art Verbindungsstück, einen sogenannten Rezeptor. Rezeptoren gibt es für alle möglichen Botenstoffe. Diese Rezeptoren sind die **Kommunikationsmöglichkeit der Zelle** mit ihrer Umwelt: Mit Hilfe von Signalstoffen weiß die Zelle, ob sie Nahrung bekommt, ob Gefahr droht, welche Stoffe sie produzieren soll (z.B. Salzsäure, wenn es sich um eine Magenzelle handelt) usw. Rezeptor und Botenstoff müssen zusammenpassen wie Schlüssel und Schloss, daher „weiß" die Zelle, was welcher Botenstoff von ihr will. Damit sie ernährt werden kann, braucht sie viele Rezeptoren für Insulin. Wenn diese vorhanden sind, nennt man die Zelle „insulinsensitiv". Trifft das Insulin also auf eine große Anzahl passender Rezeptoren, so kann es problemlos Energie in Form von Glukose in die Zellen hineinschleusen. Wenn langfristig zu wenig Insulinrezeptoren vorhanden sind und die Zelle nur ganz schlecht ernährt werden kann, nennt man die Zelle „insulinresistent".

Zellen werden Insulinresistent, wenn ständig **zu viel Insulin im Blut** ist. Also dann, wenn man aus verschiedenen Gründen einen ständig **zu hohen Blutzuckerspiegel** hat.

Da bei der Reaktion zwischen Körperzelle und Insulin normalerweise Insulin abgebaut wird, bleibt im Zustand der Insulinresistenz der Insulinspiegel zu hoch – das ausgeschüttete Insulin wird schlicht nicht mehr verbraucht.

Auch der Blutzuckerspiegel kann aufgrund der Insulinresistenz nicht mehr sinken. Daher sind in diesem Zustand sowohl der Blutzuckerspiegel als auch der Insulinspiegel zu hoch. Das wiederum verstärkt die Tendenz der Zelle, noch resistenter gegenüber dem Insulin zu werden – letztlich ein

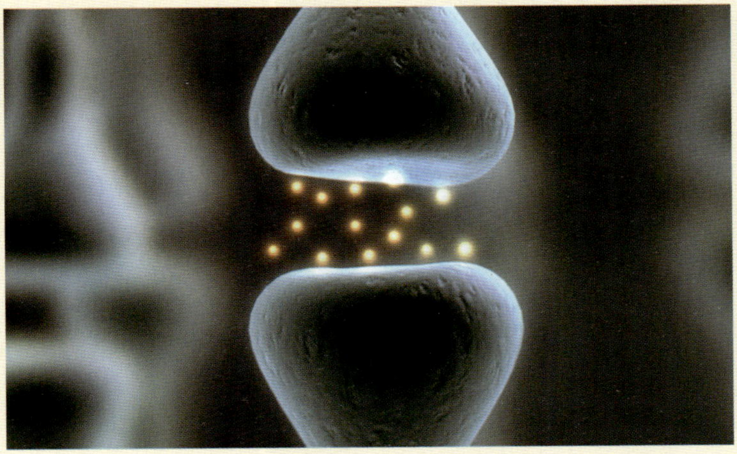

Rezeptoren sind die Kommunikationsmöglichkeit der Zelle mit ihrer Umwelt.

Teufelskreis. Mit zunehmender Resistenz der Zellen steigt nun leider die Insulinausschüttung der Bauchspeicheldrüse, da die Zellen dringend Glukose bzw. Aminosäuren benötigen. Solange das Essverhalten gleich bleibt, dreht sich das Rad immer schneller und schneller, bis das sogenannte **Syndrom X** auftritt, ein Komplex aus folgenden Symptomen:

- Hypertonie (zu hoher Blutdruck)
- Hyperlipidämie (zu hohe Blutfettwerte)
- Hyperglykämie (zu hoher Blutzuckerspiegel)
- Hyperinsulinämie (zu hoher Insulinspiegel)

Weil die Zellen bei Insulinresistenz zu wenig Nahrung haben, obwohl im Körper eigentlich genug vorhanden wäre, versiegt das **Sättigungsempfinden**. Statt des Gefühls „Satt“ verspürt der Betroffene das ungezügelte Verlangen nach „leeren“ Kohlenhydraten: Essgelüste und Heißhungeranfälle sind die Folge. Weil das Gehirn aber – trotz des Kohlenhydrate-Überkonsums – unterversorgt ist, leidet irgendwann die Denkfähigkeit.

Wenn das Gehirn durch „leere“ Kohlenhydrate unterversorgt ist, leidet die Denkfähigkeit.

Cortisol und Blutzuckerspiegel

Adrenalin und Cortisol werden unter zwei Bedingungen ausgeschüttet:

1.) Wenn man unter Stress steht (das wird später ausführlich thematisiert) und

2.) wenn der Blutzuckerspiegel absinkt.

In beiden Fällen versucht der Körper, gespeicherten Zucker (Glykogen) zu mobilisieren. Und dafür braucht er **Cortisol**. Mit Cortisol wird ein weiterer Botenstoff im Gehirn ausgeschüttet namens NPY. NPY ist einer der stärksten Hungermacher auf Kohlenhydrate überhaupt. Man muss schon ein Superheld sein, um gegen den von NPY ausgelösten Drang, Zucker zu essen, anzukommen.

Auf diese Weise kann man in der Cortisol-/Adrenalin-/Blutzuckerschaukel gefangen werden. Denn mit der schnellen Erhöhung des Blutzuckerspiegels stößt man eine überhöhte Insulinausschüttung an, was wiederum für einen schnell absinkenden Blutzuckerspiegel sorgt – und das Drama beginnt von neuem. Es kommt zu einer permanenten **Hypoglykämie** (Unterzuckerung), die häufig zu Symptomen führen kann, die psychiatrisch diagnostiziert werden, z.B. zu **Angstattacken**. Wenn der Körper mit Cortisol und Adrenalin vollgepumpt ist, ist er im „Flucht-oder-Kampf-Modus" und das Herzrasen und die Angstsymptome können so stark werden, dass man beginnt, um sein Leben zu fürchten. Sowie der Blutzuckerspiegel unter Kontrolle gebracht wurde, verschwinden oder mildern sich häufig auch die Angstsymptome.

Wenn der Körper mit Cortisol und Adrenalin vollgepumpt ist, ist er im „Flucht-oder-Kampf-Modus".

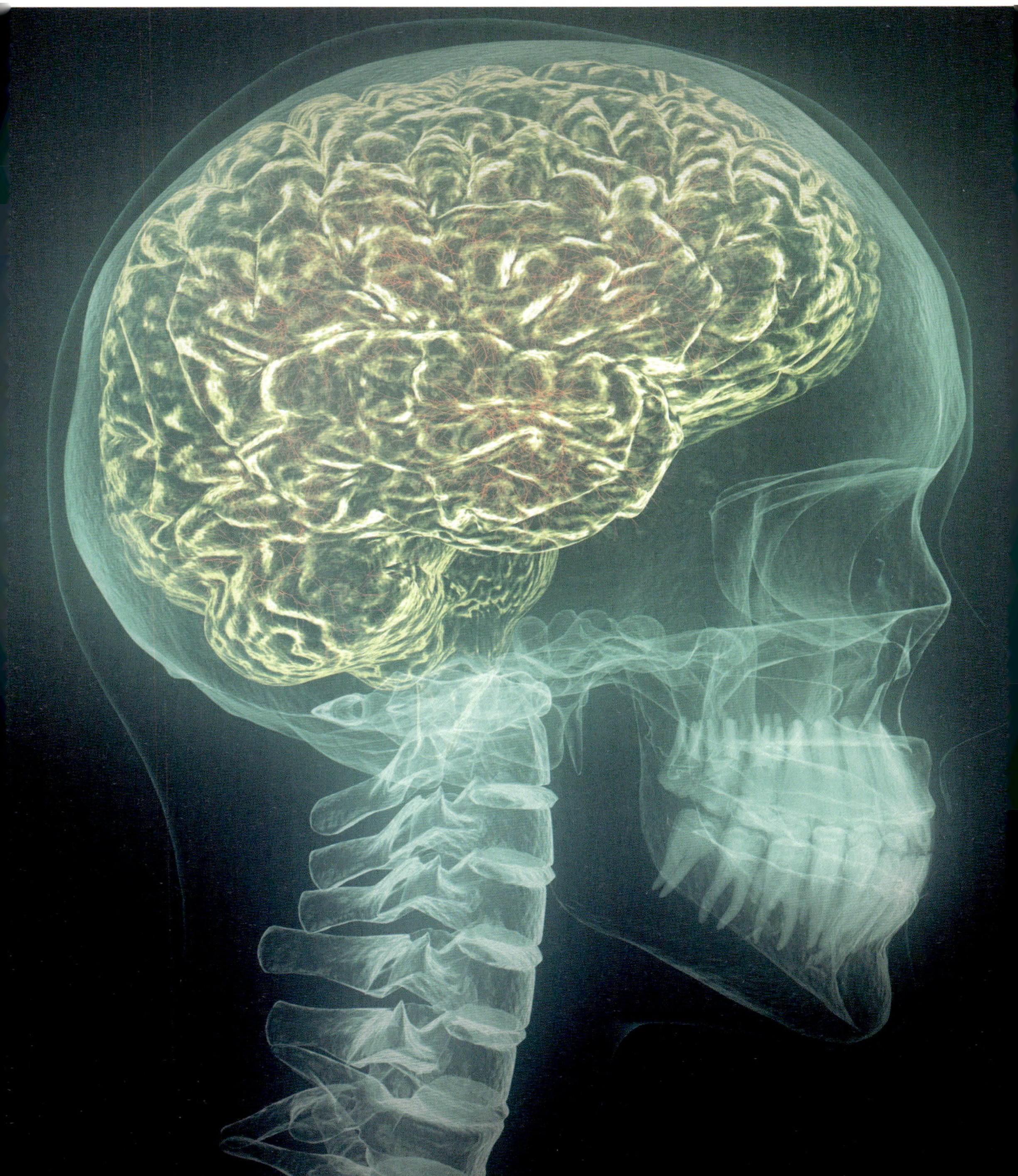

Das süchtige Gehirn

In einem Süchtigem ist die Balance zweier Botenstoffe gestört.

Botenstoffe sorgen für die Nachrichtenübermittlung im Gehirn. Dabei entfalten sie jeweils unterschiedliche Wirkungen. Neurotransmitter bestimmen Gefühle, Gedanken und Verhaltensweisen. Manche **Neurotransmitter** aktivieren, manche hemmen Verhaltensweisen und Gefühle.

Im Falle der Sucht sind zwei Transmitter besonders beteiligt: **Serotonin**, ein hemmender Botenstoff, und **Dopamin**, ein aktivierender Botenstoff. Man tendiert zu süchtigem Verhalten, wenn entweder der **Serotoninspiegel niedrig** und der **Dopaminspiegel hoch** oder der **Serotoninspiegel niedrig** und der **Dopaminspiegel auch niedrig** ist.

Botenstoffe und Wahrnehmung

Serotonin und Dopamin sorgen für **unterschiedliche Gefühle** und **Fähigkeiten**. Und sie sorgen dafür, dass wir auf unterschiedliche Dinge **Appetit** haben. Es sind die beiden wichtigsten Botenstoffe, die unser Fühlen und Denken mitbestimmen. Ebenso bestimmen die Gefühle die Verfügbarkeit von Botenstoffen mit. Eine gestörte Balance zwischen diesen beiden Botenstoffen im Gehirn manifestiert sich in einem süchtigen Essverhalten.

Die Dopaminausschüttung ist gekoppelt an eine aufregende Aktivität wie Sex, Sport oder jegliche Form von Konkurrenzsituation.

Schneller, höher, weiter: Dopamin

Werden wir mit einem **herausfordernden** mentalen oder physischen Problem oder einer **bedrohlichen** Situation konfrontiert – wir befinden uns beispielsweise in einem offenen Streit, werden von einem Polizeiauto gestoppt oder von einer Autorität kritisiert –, wird der Botenstoff ausgeschüttet, der uns für eine entsprechende Reaktion fit machen soll: Dopamin. Die Dopaminausschüttung ist gekoppelt an eine aufregende Aktivität wie Sex, Sport oder jegliche Form von Konkurrenzsituation.

Daher sorgt bereits der Gedanke an eine solche Situation – auch dann, wenn er uns nicht bewusst wird – dafür, dass Dopamin ausgeschüttet wird. Der Herzschlag geht sofort hoch. Die Koordination der Muskeln wird optimiert. Das bewirkt eine größere physische Beweglichkeit und die Kraft, schneller zu rennen, höher zu springen und sich mit mehr Energie zu bewegen. Dopamin fördert nicht nur die Geschwindigkeit des Denkens und physischer Reaktionen, sondern auch deren Präzision. Mit erhöhten Mengen von Dopamin arbeitet der Geist intensiver an der Problemlösung. Wir denken und sprechen schneller. Der Botenstoff steigert unsere Fähigkeit, uns auf unsere Sinne zu konzentrieren, da er in der Lage ist, die Aufmerksamkeit im Gehirn zu fokussieren. Ein hoher Dopaminspiegel führt unter Umständen zu einer Schwarz-Weiß-Sicht: Grautöne gehen verloren. Man kann die Welt nur noch in Gut und Böse oder „Nützlich" und „Nicht so nützlich" einteilen.

Alles, was eine Dopaminausschüttung bewirkt, hat im Erleben eines Menschen eine hohe Priorität. Dopamin ist zudem notwendig, um die Reaktionen zu lernen, die für das Überleben erforderlich sind. Das heißt: Bei einem hohen Spiegel begreift man die Verbindung zwischen einem Symbol und dem gewünschten Objekt oder Gegenstand oder auch einer befreienden Lösung besonders gut. Das diente ursprünglich dazu, bereits auf den Anblick von Fußspuren einer potenziellen Beute hin hoch motiviert zu reagieren und loszuziehen. Heute nutzt jede Firma, die uns ihr Logo wieder und wieder vor Augen führt, diesen Mechanismus: Die Assoziation zwischen Zigarette und Freiheit, zwischen Softdrink und Lebensfreude, zwischen Luxusauto und beruflichem Erfolg.

Dopamin ist für jenen Aspekt der Sucht zuständig, bei dem man sagt: „Ich will es haben." Es fokussiert die Aufmerksamkeit auf das **gewünschte Objekt** und erzeugt so **Verlangen**. Die Dopaminkonzentration ist im Gehirn dann am höchsten, wenn wir das Gewünschte verlangen, nicht wenn wir es bekommen. Der Botenstoff sorgt also mit für das Gefühl von Gier.

Die Gefühle und Gedanken, die ein hoher Dopaminspiegel auslöst, sind durch erhebliche Energie gekennzeichnet. Sie sind schnell und stimulierend. Wenig Dopamin hingegen bedeutet: wenig Energie.

Ein niedriger Dopaminwert bewirkt **Depression**, unklares Denken. Generell sinkt der Dopaminspiegel im Laufe des Tages durch den ständigen Verbrauch, so dass auch die Konzentrationsfähigkeit am späten Abend nachlässt. Da Dopamin auch für das Ausmaß an Konzentration verantwortlich ist, das wir aufbringen können, nimmt die Konzentrationsfähigkeit tagsüber ab und morgens sieht alles anders aus, wenn man die Nacht über gut geschlafen hat.

Die **Beurteilung einer Situation** beeinflusst die Gehirnchemie. Die subjektive Einschätzung einer Situation – z.B. man wäre ihr hilflos ausgeliefert –, beeinflusst sowohl die Konzentration von Serotonin als auch von Dopamin und Noradrenalin. Diese Annahme des Ausgeliefertseins senkt beide Botenstoffe im Gehirn ab. Dieser Mechanismus gilt vor allem dann, wenn Menschen innerhalb von sozialen Beziehungen langfristig Hilf- und Hoffnungslosigkeit erleben.

Bremse und Entschleunigung: Serotonin

Genau wie Dopamin, so beeinflusst auch Serotonin zahlreiche verschiedene Bereiche im Gehirn.

Während Dopamin den Fluss der Informationen im Gehirn erleichtert, begrenzt Serotonin diesen. Das Wechselspiel beider Transmitter bestimmt somit die „Bewusstseinshelligkeit", also ob wir wach und extrovertiert oder eher gedämpft und introvertiert sind. Serotonin vermindert die Fähigkeit, Assoziationen (Verbindungen) herzustellen. Zustände mit hohem Serotoninspiegel machen es schwieriger, sich an Dinge zu **erinnern**. Wird die gefühlsmäßige Bedeutung eines Zieles, eines Menschen, eines Besitztums, eines wie auch immer gearteten Objektes gesteigert, steigt Dopamin an. Soll die gefühlsmäßige Bedeutung eines Ereignisses oder einer Sache, die man sich dringend wünscht, hingegen vermindert werden, muss der Serotoninspiegel steigen und der Dopaminspiegel entsprechend sinken.

Im emotionalen Bereich sorgt Serotonin für **angenehme** und **entspannende Gefühle**. Es beruhigt und erzeugt Wohlgefühl („Entspanne dich, es ist alles gut!"). Über das Gefühl von Wohlbefinden hinaus transportiert ein hoher Serotoninspiegel auch das Gefühl persönlicher **Sicherheit, Vertrauen** und **Selbstachtung**. Alle positiven Emotionen wie **Zufriedenheit** und **Freude** sind mit einem normalen bis leicht erhöhten Serotoninspiegel assoziiert. Ist der Serotoninwert optimal, sind die Menschen entspannt. Sie empfinden nur sehr selten Angst und Furcht.

Entsprechend wird Serotonin immer dann ausgeschüttet, wenn der Körper das Gefühl hat: „Jetzt hab ich es." Nach dem Essen signalisiert dieser Botenstoff „Satt", nach dem Sex wird er ebenfalls ausgeschüttet und vermittelt ein Gefühl der **Befriedigung**.

Im Bereich der Wahrnehmung kann Serotonin als „Grenzensetzer" bezeichnet werden, denn seine Aufgabe besteht nicht in der völligen Unterdrückung von Informationen, sondern allein in der Anhebung der Schwelle, bis diese Informationen bewusst werden. Somit übernimmt Serotonin eine wichtige Funktion: Es hilft, Dinge weniger bedeutsam zu machen und insofern loslassen zu können, was bei erhöhten Dopaminspiegel sehr schwerfällt.

Ein hoher Serotoninspiegel hilft bei der **Bewältigung aller stressigen Situationen**, indem er die Impulskontrolle verbessert – das heißt, die eigenen Fähigkeiten stehen einem im gegenwärtigen Moment tatsächlich zur Verfügung, und man handelt lösungsorientiert.

Ein niedriger Serotoninwert führt auch dazu, dass man sich zu viele Gedanken darüber macht, was andere von einem denken und dann den Zwang fühlt, alle Wünsche und Erwartungen sofort zu erfüllen. Wird jedoch zu viel Energie darauf verwendet, sich damit zu beschäftigen, was die anderen denken oder auch nur denken könnten, dann hat man nicht mehr die Zeit zu definieren, was man selbst möchte. Ein Zuwenig dieses Neurotransmitters ist deshalb die Keimzelle für all diese **negativen Gefühlszustände**. Das heißt: Je niedriger der Serotoninspiegel, desto ausgeprägter die Tendenz zu **Niedergeschlagenheit** und einer Verschlechterung der jeweiligen Stimmung. Dies führt zu Depressionen, Energielosigkeit und Müdigkeit, geringer Selbstachtung, Konzentrationsstörungen, Verwirrung, Schwierigkeiten, Entscheidungen zu treffen, verminderter sexueller Lust sowie zu ausgeprägten Gefühlen von Schuld und Unwert.

Bei Sucht ist **Dopamin** wie das **Gaspedal, Serotonin** wie die **Bremse**. Menschen, die süchtig sind, erleben immer nur Verlangen, aber keine Befriedigung, keine innere Ruhe – weil eben ihr Serotoninspiegel zu niedrig ist. Und so ist es auch mit Zuckersucht. Die Wahrscheinlichkeit für Suchtverhalten steigt in dem Maße, in dem der Serotoninwert absinkt.

Serotonin begrenzt bzw. stoppt normalerweise ab einem bestimmten Zeitpunkt das von Dopamin ausgelöste Verhalten. Wird beispielsweise dem Gehirn einer Ratte Serotonin entfernt, hat das Tier permanent Sex und frisst ungebremst: Die Wirkung von Dopamin wird also nicht mehr eingeschränkt. Die Ratte unterlässt ihr maßloses Verhalten auch dann nicht, wenn ein Warnzeichen für einen Schock oder sogar der Schock selbst eintreten. Drohende Bestrafung scheint ein Gehirn mit niedriger Serotoninkonzentration und zu hohem Dopaminspiegel nicht zu beeindrucken; das Dopamin setzt seinen Antrieb ungebremst fort. Das Gleiche kennt jeder von sich, der weiß, wie sehr ihm Zucker schadet und ihn trotzdem in großen Mengen isst.

Wie Dopamin und Serotonin den Appetit beeinflussen

Der Körper und sein Gehirn sind so eingerichtet, dass bei einer Mahlzeit entweder überwiegend Serotonin oder überwiegend Dopamin aufgebaut werden kann. Man kann so essen, dass man sich entspannt, oder so essen, dass man sich aktiviert. Beides gleichzeitig ist nur bedingt möglich. Dieser Regelmechanismus steuert im Prinzip die Nahrungsaufnahme sehr exakt.

Dopamin und Serotonin werden aus unterschiedlichen **Ausgangsstoffen** hergestellt. Während Serotonin aus der Aminosäure Tryptophan hergestellt wird, wird Dopamin aus der Aminosäure Tyrosin aufgebaut.

Wer einen niedrigen Serotoninspiegel hat, leidet unter **Heißhunger auf Kohlenhydrate**. Paradoxerweise wird Serotonin jedoch nicht aus Kohlenhydraten aufgebaut, sondern aus einer Aminosäure (Eiweißbaustein) namens **Tryptophan**. Tryptophan ist eine der acht sogenannten essenziellen Aminosäuren, die der Körper nicht selbst herstellen kann und die daher unbedingt mit der täglichen Nahrung **zugeführt** werden müssen.

Das Gehirn ist vom Blutkreislauf des Körpers durch ein Filtersystem so abgeschirmt, dass es vor Stoffen geschützt wird, die verheerende Folgen für seine Funktionsweise haben könnten. Dieses Filtersystem nennt man **„Blut-Hirn-Schranke"**. Diese Barriere lässt nur solche Stoffe durch, die eine passende Größe haben. Alle anderen, die z.B. zu groß sind, aber trotzdem ins Gehirn hineinmüssen, brauchen so etwas wie einen Transporter, sozusagen ein Taxi. Das „fertige" Serotonin kann nicht durch die Blut-Hirn-Schranke gelangen, es ist dafür zu groß. Bananen z.B. enthalten fertiges Serotonin, aber es gelangt nicht ins Gehirn. Aus diesem Grund kann man auch keine Medikamente herstellen, die Serotonin enthalten, um das Problem einfach mittels einer Tablette zu lösen.

Die „Taxis", die Eiweißbausteine ins Gehirn hineinbringen, nennt man auch „Carrier-Moleküle". Im Gehirn wird aber nicht nur Trytpophan gebraucht, sondern auch sieben andere sogenannte neutrale Aminosäuren, die für den Hirnstoffwechsel ebenfalls von großer Bedeutung sind, vor allem Leuzin, Isoleuzin, Phenylalanin und Tyrosin. Es gibt aber nur ein einziges Carrier-System für sämtliche Aminosäuren, die ins Gehirn transportiert werden müssen. Das ist so wie mit den Taxis nach der Oper. Jeder will eins, aber manchmal sind zu wenige da. Tryptophan „konkurriert" folglich mit den anderen neutralen Aminosäuren um die Taxis. Die „Konkurrenz" ist jedoch zahlreicher vertreten. Somit kriegen nur wenige Tryptophanmoleküle ihr Taxi und gelangen ins Gehirn.

Je höher also die Konzentration von Tryptophan im Blut im Vergleich zu den konkurrierenden Aminosäuren, desto mehr Tryptophan kann ins Gehirn gelangen und desto mehr Serotonin kann daraus aufgebaut werden. Hierbei spielt das Hormon Insulin eine entscheidende Rolle.

Insulin ist bekanntermaßen das Hormon, das dabei hilft, den Blutzuckerspiegel wieder zu senken, indem es Glukose in die Zellen hineintransportiert und ihnen so die dringend benötigte Energie verschafft. Aber Insulin entfernt nicht nur Zucker aus dem Blut, es versorgt auch die **Muskeln** mit **Aminosäuren**. Je mehr Insulin ausgeschüttet wird, desto mehr der sieben konkurrierenden Aminosäuren werden in die Muskeln eingebaut.

Schließlich bleibt nur das Tryptophan zurück, so dass seine Konzentration im Blut im Verhältnis zu den Konkurrenten ansteigt. Auf diese Weise gelangt mehr davon ins Gehirn und kann zu Serotonin umgebaut werden: Die Stimmung bessert sich, der Heißhunger verschwindet.

Vereinfacht ausgedrückt: Je höher der Blutzuckerspiegel, desto höher der Insulinspiegel, desto höher der Serotoninspiegel. Kein anderer Botenstoff im Gehirn außer Serotonin bedient sich dieses Transportmechanismus. Wenn der Blutzucker- und mit ihm der Insulinspiegel absinken, strömen die Aminosäuren aus den Zellen wieder ins Blut und sofort konkurrieren an der Blut-Hirn-Schranke zu viele Stoffe um den Zutritt ins Gehirn. Dann sinkt die Menge des verfügbaren Tryptophans und somit die Menge des produzierten Serotonins im Gehirn. Und so kommt es häufig zu folgendem **Teufelskreis**: Man hat wegen des Serotoninmangels Appetit auf Eis, Brot oder Nudeln und lässt das Eiweiß, also Steak, Eier, Würstchen, etc. weg. Dann fehlt aber der Ausgangsstoff für Serotonin, es kann noch weniger davon produziert werden, was das Problem am Leben hält.

Der Konsum von Kohlenhydraten und die dadurch ausgelöste Stimmungsverbesserung

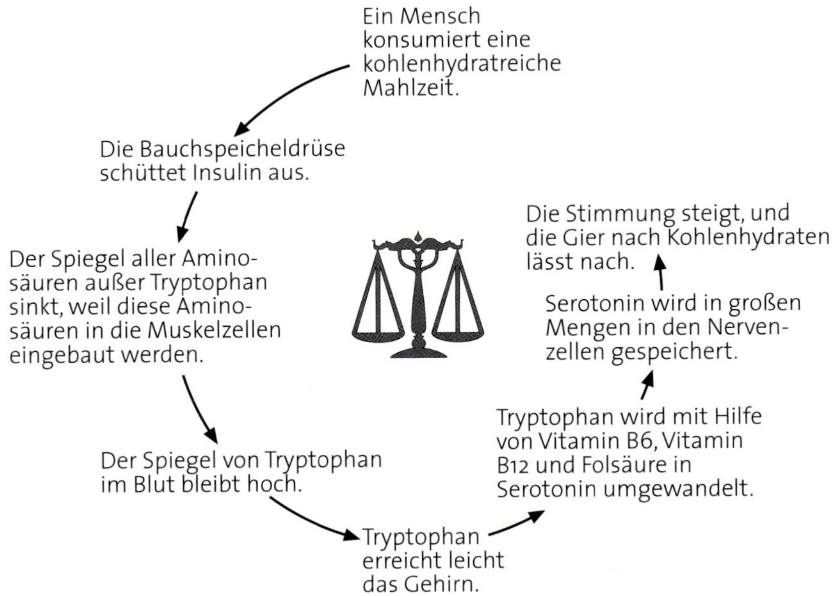

Tryptophan ist in den meisten Nahrungsmitteln kaum vorhanden. Unter normalen Bedingungen reicht das für eine ausreichende Serotoninversorgung allerdings aus. Das übliche mit der Nahrung aufgenommene Eiweiß enthält nur ca. 1,5 % Tryptophan. Gute Quellen sind Milch und Milchprodukte, Fisch, Meeresfrüchte, Rind-, Kalbs- und Schweinefleisch, Geflügel, Hülsenfrüchte, Soja (Tofu), grüne Bohnen, Nüsse (vor allem Mandeln und Erdnüsse), Eidotter, Bananen, Ananas, Datteln, Feigen. Aber auch Weizen enthält Tryptophan.

Viele Menschen leiden unter **Eiweißmangel** – und zwar häufig, ohne es zu wissen. Eiweißmangel kann verschiedene Ursachen haben. Beispielsweise eine zu **einseitige Ernährung**, bei der Eiweiß fehlt. Frauen, die versuchen, nur von Salat zu leben, nehmen zu wenig Eiweiß zu sich. Sie geraten dann in den schon geschilderten Strudel: Wegen des Serotoninmangels haben sie ständig Hunger auf Brot oder Kuchen. Um dann nicht noch mehr zu essen, lassen sie Huhn, Fisch, Käse etc. weg. Damit fehlt aber das Tryptophan, was so dringend gebraucht würde, um den Hunger auf Kohlenhydrate zu stoppen.

Tryptophan hat im Stoffwechsel noch andere, sehr wichtige Aufgaben, die teilweise Vorrang haben, so dass dessen Verfügbarkeit für die Serotoninproduktion in Gehirn und Rückenmark stark reduziert sein kann. Serotonin ist für das Überleben nicht so wichtig wie andere Stoffwechselaufgaben und der Körper verwendet das vorhandene Tryptophan entsprechend einer Hierarchie, die das Überleben des Organismus sichern soll. Eine der entscheidenden Aufgaben von Tryptophan im Körper, also außerhalb von Gehirn und Rückenmark, besteht darin sicherzustellen, dass genügend **Niacin** (Vitamin B3) zur Verfügung steht.

Niacin ist für die Energieproduktion in der Zelle wichtig. Ohne ausreichend Niacin wäre das Überleben des Körpers gefährdet, weil das Gewebe mangels Versorgung mit Energie schnell absterben würde. Das Vitamin ist so lebenswichtig, dass der Körper ein Sicherungssystem eingerichtet hat, das ermöglicht, es aus Tryptophan zu bilden. 60 Milligramm Tryptophan können zu einem einem Milligramm Niacin umgewandelt werden.

Frauen brauchen etwa 13 bis 15 Milligramm Niacin am Tag, Männer zwischen 15 und 20 Milligramm. Niacin ist vor allem in magerem Fleisch, in Leber, Fisch, Geflügel sowie in Eiern und in geringer Menge in Milch und Gemüse vorhanden. Wenn Kalorien gespart werden sollen oder sich jemand strikt vegetarisch ernährt, hat er häufig einen Niacinmangel, ohne es zu wissen.

Bei einer eiweißarmen Ernährung fehlt also nicht nur Tryptophan, sondern auch das lebenswichtige Niacin. Somit werden bei Niacinmangel zuallererst sämtliche noch vorhandenen Tryptophan-Restchen in Niacin umgewandelt – und dann bleibt nichts übrig für die Serotoninproduktion. Die schlimmsten Feinde von Niacin sind Zucker und Weißmehl. Je mehr davon konsumiert wird, desto

Viele Menschen leiden unter Eiweißmangel. Fisch und Nüsse sind gute Quellen für Tryptophan.

weniger Niacin wird aus der Nahrung aufgenommen und desto mehr Tryptophan muss stattdessen verstoffwechselt werden.

Ein weiterer wesentlicher Faktor für die Verfügbarkeit von Tryptophan ist **Stress**. Stress **reduziert** beim Menschen generell die **Eiweißvorräte**, weil das vorhandene Eiweiß zur Bildung von **Stresshormonen** genutzt wird: Je mehr Stress, desto weniger Tryptophan, desto niedriger die Serotoninproduktion. Deshalb ist man bei Stress erstens häufig genervt und hat zweitens oft Appetit auf Schokolade, Kekse, Kuchen.

Die Lösung besteht in **regelmäßigem Eiweißkonsum** – keine Mahlzeit ohne Eiweiß, regelmäßig kleine Eiweißhäppchen zwischendurch oder Eiweiß-Shakes (ohne Zucker, ohne Süßstoff, ohne Geschmack!), die eine biologische Wertigkeit von über 100 haben sollten.

Der Aufbau von Dopamin

Dopamin wird aus **Tyrosin** (und Phenylanin) aufgebaut. Wenn nach einer eiweißreichen Mahlzeit der Tyrosingehalt des Blutes im Verhältnis zum Tryptophan steigt, wird zunächst ein Neurotransmitter namens „Dopa" aufgebaut, der mit Hilfe von Vitamin B6 und Magnesium im Gehirn zu Dopamin umgewandelt wird. Vitamin B6 ist in Lachs, Sardinen, Huhn, Avocado, Zucchini, Bananen, Roggenbrot (bzw. Roggenmehl) und Kartoffeln enthalten. Das Dopamin wird in den Nervenzellen gespeichert.

Dopamin kann ohne die Hilfe von Insulin aufgebaut werden, daher ist es viel leichter, aufgrund von Ernährungsfehlern in ein Serotonindefizit zu geraten als in ein Dopamindefizit. Aus biologischen

Gründen besteht also nicht die Möglichkeit, dass zur gleichen Zeit gleich viel der beiden Ausgangsstoffe Tryptophan und Tyrosin ins Gehirn gelangen. Es überwiegt entweder die eine oder die andere Substanz.

Für die Ernährung bedeutet das: Man kann entweder so essen, dass man sich aktiviert oder beruhigt – entweder Dopamin herstellt oder Serotonin. Nahrung hat also einen sehr großen Einfluss auf emotionale und kognitive Fähigkeiten.

Cortisol

Das „Missing Link" zwischen Psyche und Essverhalten ist das Hormon **Cortisol**, das in der Nebennierenrinde produziert wird.

Die Körper, die wir heute haben, entstanden vor Millionen von Jahren für eine Welt, in der Menschen schnell und effektiv auf Gefahren reagieren mussten, die ihr Leben bedrohten. Das, was man heute die „Kampf-oder-Flucht-Reaktion" nennt, war lebensentscheidend. Die Kampf-oder-Flucht-Reaktion teilen wir mit allen Tieren. Dieses Verhalten ist ein sehr fein abgestimmter Regelkreislauf – ein Wunder der Natur, der uns über Jahrmillionen hat überleben lassen und uns nach wie vor tagsüber leistungsfähig hält. Während Tiere nur auf Stressoren von außen reagieren, führen bei Menschen auch Erinnerungen und Gedanken sowie Symbole zu Stress. Und sie reagieren (wie Tiere auch) auch auf chemische Stoffe, wie z.B. auf Alkohol, Nikotin oder Zucker, mit Stress.

Auf das Signal „Stress" antwortet das Gehirn immer gleich – egal, ob es sich nun um einen Säbelzahntiger, einen in allerletzter Sekunde vermiedenen Unfall, langwierige Sorgen mit Familienangehörigen, traumatische Erinnerungen, einen brüllenden Boss oder eben eine verzehrte, gerauchte, geschnupfte Chemikalie handelt: Wenn das Gehirn Stress registriert hat, handelt es. Es nimmt an, dass es jetzt am besten ist, den Menschen, wie in Urzeiten, körperlich auf **Kampf** oder **Flucht** vorzubereiten. Aus diesem Grunde informiert es die Nebennierenrinde, **Cortisol** und **Adrenalin** auszuschütten. Das nennt man die **HHN-Achse**.

Cortisol hat die Aufgabe, den Menschen körperlich für die vom Gehirn erkannte oder antizipierte Belastung fit zu machen. Das Hormon versetzt den Menschen in **Kampfbereitschaft**: Es steigert Blutdruck, Herzschlag und die Energieversorgung der Muskeln und dämpft Hunger und Sexualtrieb. Um die Energieversorgung der Muskeln sicherzustellen, ist Cortisol zusammen mit anderen Stresshormonen (besonders Adrenalin) für die Regulierung des Blutzuckers verantwortlich. Cortisol **hebt** den Blutzuckerspiegel, indem es körpereigene Reserven abbaut. Es sorgt somit dafür, dass genügend

Die HHN-Achse (Hypothalamus-Hypophyse-Nebebenniere)

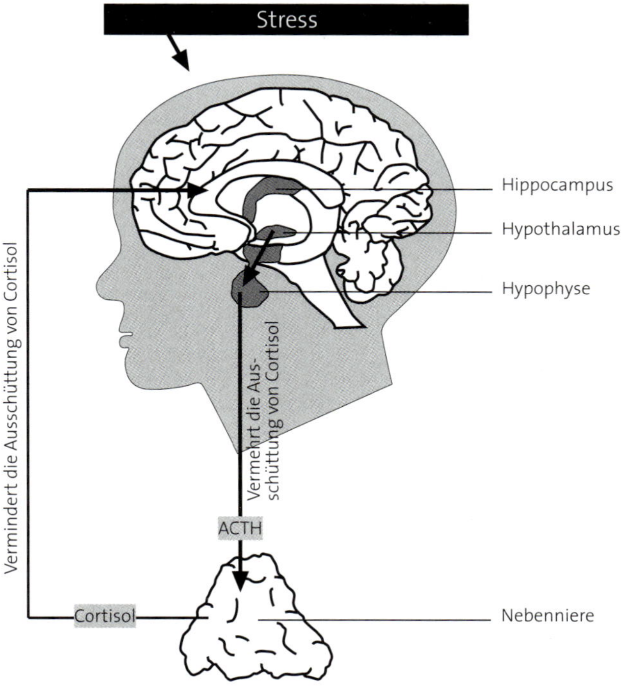

Bei Stress sorgt der Hypothalamus dafür, dass das Hormon CRH in die Hypophyse ausgeschüttet wird. CRH veranlasst die Hypophyse ACTH auszuschütten. ACTH gelangt ins Blut und informiert die Nebenniere, dass Cortisol benötigt wird. Cortisol gelangt über die Blutbahn ins Gehirn und sorgt vor allem im Hippocampus dafür, dass die weitere Ausschüttung von Cortisol aus der Nebenniere unterbunden wird. Dies ist ein Feedbacksystem. Normalerweise wird die weitere Ausschüttung von Cortisol unterbunden, sobald die Stresssituation zu Ende ist. Wenn es aber keine Lösung gibt, z.B. bei lange dauernder Bedrohung am Arbeitsplatz oder anderen existenziellen Nöten, denkt das Gehirn, dass der Körper immer wieder für steinzeitliche Reaktionen auf Stress wie Kampf oder Flucht bereit gemacht werden muss. Dann kommt es zum Konflikt zwischen der Amygdala (Mandelkern) und dem Hippocampus (beides Teile des limbischen Systems). Die Amygdala versucht, den Hypothalamus zu weiteren Ausschüttungen von Cortisol zu motivieren, und der Hippocampus versucht, die Ausschüttung des Cortisols herunterzuregeln. Irgendwann vermindert sich unter der Dauerbelastung diese sehr notwendige Fähigkeit des Hippocampus und der Körper wird mit Cortisol überschwemmt. Cortisol in zu hohen Dosen ist für den Körper schädlich, daher hat das zahlreiche negative Folgen, u.a. Essstörungen. Regenerieren kann sich das System erst, wenn das Großhirn erkennt, dass die Stressbelastung aufgehört hat, seinerseits auf die Amygdala einwirkt und diese wiederum nicht mehr den Hypothalamus zur weiteren unangemessenen Ausschüttung von Cortisol motiviert.

Energie in Form von Glukose („Zellennahrung") bereitsteht. Da der Blutzuckerspiegel steigt, steigt auch der Insulinspiegel. Ein hoher Cortisolspiegel ist daher immer von einem **hohen Insulinspiegel** begleitet.

Die Nebennierenrinde schüttet nicht nur bei akutem Stress, sondern täglich und **in kontinuierlichen Schüben** Cortisol aus. Denn die gesamte Aktivität des Lebens, die Funktion aller Organe, alle körperlichen und geistigen Leistungen werden durch die Bereitstellung von Glukose aus Eiweiß ermöglicht. Die Mobilisierung erfolgt, wie gesagt, durch das Nebennierenrindenhormon Cortisol. Dadurch ist gewährleistet, dass die Menschen tagsüber fähig sind, ihre Aufgaben auch wirklich anzugehen und mögliche Probleme zu lösen. Ohne Cortisol würde der Mensch umgehend schlapp machen und selbst geringste Anforderungen nicht mehr bewältigen. Das Stresshormon bestimmt, wann wir tagsüber Hunger haben, und es ist ein wichtiger Teil der „inneren Uhr", denn es regelt den Tag-Nacht-Rhythmus. Morgens um 8 Uhr ist der Cortisolspiegel normalerweise am höchsten, dann sinkt er den Tag über bis ca. 20 Uhr abends ab und steigt dann langsam wieder an. Daher hat man häufig nachmittags ein „Leistungstief" und gleichzeitig Hunger auf ein Stück Kuchen, kann dann aber abends arbeiten oder tanzen gehen. **Heißhungerattacken** entstehen vor allem in Phasen, wo der Cortisolspiegel absackt, also am späten Nachmittag bzw. am frühen Abend.

Cortisol und Psyche

Im Falle eines Mangels oder eines Angriffs muss der Körper nicht nur über die notwendige Energie verfügen sich zu bewegen, zu laufen, zu rennen, zu kämpfen. Das Gehirn muss vor allem fähig und motiviert sein, den Fokus der Aufmerksamkeit auf ein bestimmtes Ziel zu lenken und dort auch zu halten. Und auch dafür ist Cortisol zuständig.

Nur: Menschen reagieren auf Stressbelastungen völlig unterschiedlich. Manche reagieren intensiv – und dann wird sehr viel Cortisol ausgeschüttet – und manche etwas weniger intensiv. Das ist zum Teil angeboren und hängt davon ab, wie gut die Nebennierenrinde funktioniert. Zu einem großen Teil ist das Ausmaß der Stressreaktion jedoch **erlernt**. Cortisol ist auch das **„Angsthormon"**. Und je mehr jemand bewusst oder unbewusst vor einem bestimmten Auslöser Angst hat oder auch wütend ist, desto mehr Cortisol wird ausgeschüttet. Je nachdem wie viel, „denkt" der Körper, die Situation wäre mehr oder minder bedrohlich. Das Ausmaß, in welchem Cortisol und Adrenalin bei Stress ausgeschüttet werden, orientiert sich daran, wie ein Problem wahrgenommen wird. Wird es als neu und überwältigend wahrgenommen, vielleicht sogar als unlösbar, dann ist die Stressbelastung sehr hoch. Wird das Problem aber als bekannt und lösbar eingeschätzt, ist die Cortisol-Belastung eher niedrig. In Untersuchungen mit Fall-

Der Zusammenhang zwischen der Reaktion der Nebennierenrinde und der Reaktion auf Stress

Ein Mensch mit einer erschöpften oder unterfunktionierenden Nebenniere.

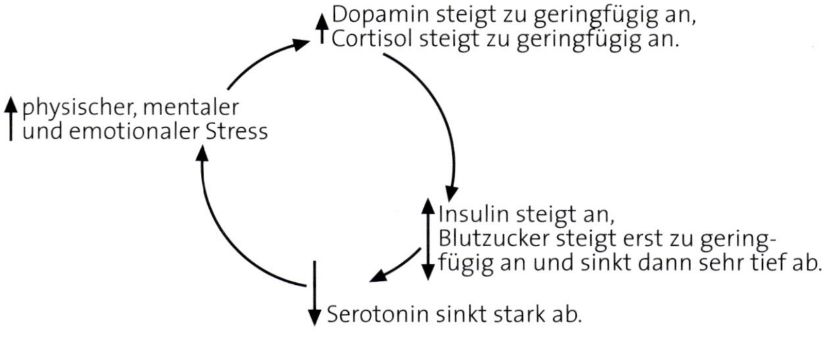

Ein Mensch mit einer unterfunktionierenden Nebennierenrinde fühlt sich bei Stress eher gelähmt und wenig motiviert. Sein Körper verfügt über zu wenig Energie.

Ein Mensch mit einer überfunktionierenden Nebenniere.

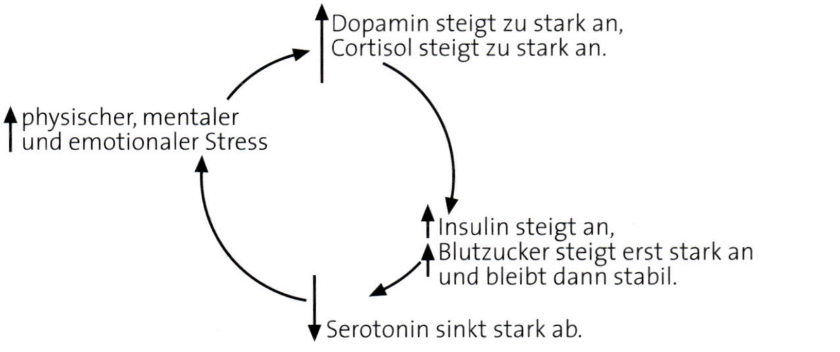

Ein Mensch mit einer überfunktionierenden Nebennierenrinde reagiert auf Stress übermotiviert. Sein Körper hat viel Energie bzw. eher zu viel Energie zur Verfügung.

Der Zusammenhang zwischen der Reaktion der Nebennierenrinde und der Reaktion auf Stress

Ein Mensch mit einer angemessenen funktionierenden Nebenniere

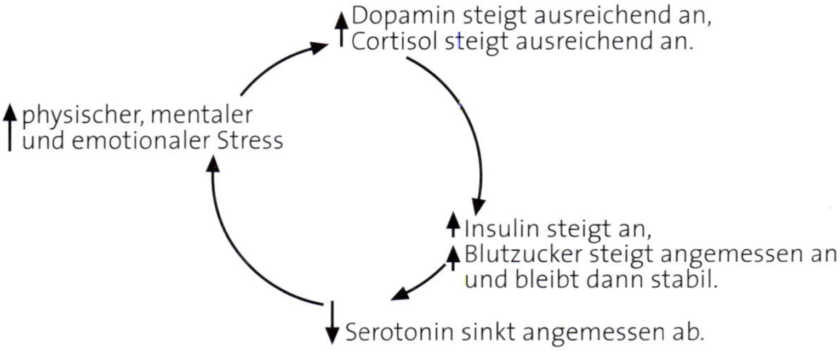

Ein Mensch mit einer angemessen funktionierenden Nebennierenrinde reagiert auf Stress mit einer angemessenen Motivation und sein Körper hat genügend Energie.

schirmspringern konnte gezeigt werden, dass der erste Sprung eine enorme Cortisol-Ausschüttung mit sich bringt – also einen sehr starken Stress bedeutet. Der zweite Sprung ist schon weniger stressig und der dritte noch weniger. Ganz stressfrei ist Fallschirmspringen allerdings nie.

Es ist sowieso nicht möglich, Stress völlig auszuschalten, und es ist auch nicht wünschenswert, denn Stress fördert viele notwendige Fähigkeiten und Gefühle. Gesundheit und Fähigkeiten nehmen unter Stress sogar zu, bis zu einem „optimalen Punkt". Wird dieser überschritten, kommt es erst zu ungesundem Stress und irgendwann zum völligen körperlichen und seelischen Burnout.

Die Stressreaktion des menschlichen Körpers war einst so angelegt, dass auf eine Phase der Belastung eine **Phase der Ruhe** folgte. In dieser hatte die Nebennierenrinde Zeit, sich zu erholen. Nach einer Extrembelastung braucht die Nebennierenrinde ungefähr 24 bis 48 Stunden, um bei der nächsten

Belastung wieder voll einsatzfähig zu sein. Im Gegensatz zu unseren Vorfahren, die sich nach der Säblelzahntigerjagd in der Höhle verkrochen, tun wir heute so, als ob der Körper etwas wäre, was funktionieren müsste wie eine Maschine, die ja auch keine Ruhezeiten braucht. Nach sehr langen Stressphasen kann die Nebenniere erschöpft sein und dann zu wenig Cortisol ausschütten. Das hat ebenso massive Auswirkungen, wie ein zu hoher Cortisolspiegel.

Im Gehirn **senkt** Cortisol den **Serotoninspiegel** und **hebt** den **Dopaminspiegel**. Daher hat Cortisol auch einen euphorisierenden, Lust verschaffenden Effekt. Und damit beeinflusst Cortisol wesentlich das Ausmaß, in welchem ein Mensch motiviert ist, zielgerichtet zu handeln.

Menschen, die auf Stress mit einer **überhöhten Ausschüttung** von Cortisol reagieren, handeln übermotiviert und aggressiv, weil der Serotoninspiegel schnell sehr niedrig und der Dopaminspiegel zu hoch wird. Sie haben viel Energie und Situationen werden allzu leicht „schwarz-weiß" wahrgenommen: Der hohe Dopaminspiegel macht das erwünschte Objekt äußerst bedeutsam und verhindert, andere Aspekte der Situation wahrzunehmen. Der Körper will kämpfen und er hat auch die Energie. Die Seele ist kaum noch zu bremsen. Der Mensch legt los. Er will es, er will es jetzt. Sofort.

Ein hoher Dopaminspiegel bedeutet zunächst Energie und Lebenskraft. Doch ein **zu hoher Dopaminspiegel** löst mitunter Ängstlichkeit, Furcht, starke nervöse Spannung, Paranoia und Halluzinationen aus.

Wer auf Stress mit einer **verminderten Ausschüttung** von Cortisol reagiert, neigt gegenüber den Stressoren eher zu **gelähmtem** oder **passivem Verhalten**. Der Dopaminspiegel ist niedrig, das nimmt Energie und der **Serotoninspiegel** ist trotz des niedrigen Cortisolspiegels **zu niedrig**. Das heißt also: Je niedriger der Cortisolspiegel, desto weniger Dopamin steht im Gehirn zur Verfügung – und dies veranlasst den Betroffenen wiederum dazu, die Situation selbst als noch hoffnungsloser zu beurteilen, als sie eigentlich ist.

Menschen mit einer exzessiven Cortisolausschüttung sind eher extrovertiert; Menschen mit einer verminderten Cortisolausschüttung verhalten sich introvertiert. Extrovertiertes Verhalten wird in unserer Gesellschaft höher geschätzt und daher stärker belohnt als introvertiertes Verhalten. Das führt dazu, daß viele Menschen (unbewusst) praktisch alles tun, um den Cortisolwert hoch zu halten. Und eine Möglichkeit dies zu erreichen, ist der Konsum von Zucker, Alkohol oder Zigaretten. Menschen, die eine zu hohe Cortisolkonzentration haben, kämpfen häufig gegen eine Stressbelastung an. Diese kann bewusst oder unbewusst sein. Menschen, die einen zu niedrigen Cortisolspiegel haben, wehren unbewusst das Gefühl einer nicht zu bewältigenden Stressbelastung ab.

Zwei Typen von Menschen

Normalerweise können Menschen eine Balance finden zwischen zwei Polen: Der Fähigkeit sich selbst zu aktivieren und zu handeln einerseits und der Fähigkeit sich auszuruhen und zu entspannen andererseits. Viele Menschen betonen entweder den einen oder den anderen Aspekt: Sie suchen entweder vor allem die Aktivität (die Handlung) oder die Ruhe.

Entsprechend der Art und Weise, wie Menschen auf Stress reagieren, kann man daher zwei Typen von Menschen unterscheiden: Menschen, die eher aktiv sind, sogenannte **„Handlungssuchende"**, also Personen mit zu hohem Cortisolspiegel, und Menschen, die eher die Ruhe suchen, also der **ruhesuchende Mensch**.

Der Handlungssuchende

Der handlungssuchende Mensch hat einen **hohen Cortisolspiegel** und entsprechend einen **hohen Dopaminspiegel**. Im Falle eines stressigen Ereignisses ist er motiviert und handlungsbereit, eventuell aggressiv. Möglicherweise schätzt er die Situation unrealistisch ein, aber er reagiert aktiv handelnd auf sie. Das sind jene Menschen, die den ganzen Tag unter **Stress** stehen.

Er ist der Typ, den die Stressforschung als „A-Typ" beschrieben hat: ehrgeizig, konkurrierend, zielorientiert. Handlungssuchende sind überwiegend **extrovertiert**. Sie haben meist viele Freunde und werden durch alles Neue angezogen – neue Ereignisse, neue Produkte, neue und stimulierende Situationen. Sie mögen keine Routine und tun häufig viel dafür, diese zu vermeiden. Sie stellen in aller Regel die Karriere über Beziehung und Familie, auch wenn sie dies bewusst verneinen würden.

Wenn handlungsorientierte Frauen arbeitende Mütter sind, organisieren sie morgens das Chaos, eines oder mehr kleine schreiende Kinder für den Tag anzuziehen, hetzen dann zur Arbeit, hetzen zurück, um die Kinder zum Kinderturnen zu bringen, kaufen nebenbei ein und kochen dann ein Abendessen nach neuesten biologischen Erkenntnissen – wenn sie es noch schaffen. Ansonsten gibt es Pizza. Wenn sie Hausfrau sind, machen die Kinder erst Hausaufgaben, dann Ballett, gehen anschließend zur Reitstunde, um dann abends noch ein bisschen Klavier zu üben. Die Mutter organisiert das alles, denn niemand kann es so gut wie sie. Oder aber sie organisiert den Kindergarten mit, bäckt für die Geburtstage in der Umgebung jeweils fünf Torten, führt den Hund der Nachbarin aus, pflegt alte Eltern und versorgt den Ehemann. Natürlich macht sie abends noch den Meerschweinchenkäfig sauber.

Handlungssuchende Menschen finden **Konflikte** häufig **stimulierend**, brauchen und suchen sie. Unbewusst beginnen sie, Konflikte zu provozieren, wenn der Cortisolspiegel sinkt und somit auch die Spiegel von Dopamin und Noradrenalin abfallen und sie sich deshalb zunehmend unwohl fühlen. Ist der Dopaminspiegel niedrig, spüren sie innerlich Ärger. Das Letzte, was sie jetzt ertragen können, ist eine Situation, in der sie hilflos wären und der Dopaminspiegel somit noch niedriger würde. Das heißt, handlungssuchende Menschen meiden jede Hilflosigkeit – unabhängig von der Art der Situation. Ihren Selbstwert messen sie am Erreichen von Zielen, an Bewunderung.

Handlungssuchende Menschen mögen Jobs, in denen man sich in der Öffentlichkeit bewegt, Jobs, die viel physische Aktivität und viel Wechsel beinhalten. Sie sind die klassischen **Workaholics**, die abends und am Wochenende arbeiten. Sie müssen arbeiten, denn eigentlich ertragen sie es nicht, nach Hause zu kommen. Sie fürchten den Moment, wo es keine Anregung mehr gibt und der Dopaminspiegel abfällt. Sie gehen z.B. zur Kriminalpolizei, werden Notarzt, Journalist, sozialer Aktivist, Schauspieler,

manchmal auch Wissenschaftler, wenn man dabei im Rampenlicht stehen kann. Sie mögen anstrengende, hochriskante Sportarten, auch solche, die stark konkurrierend sind. Sie fahren Snowboard, Skateboard oder Extremski, spielen Tennis, mögen Eishockey und Climbing. Im Unterhaltungsbereich bevorzugen sie Rockkonzerte, Karaoke, stimulierende Sportereignisse und Massenveranstaltungen. Sie fahren im Urlaub in die Weltstädte, mögen große Familientreffen und Gruppenreisen, haben ständig Verabredungen mit diversen Leuten, lieben Safaritouren oder die Jagd.

Gefühlsmäßig ist das innere Leben eines handlungsorientierten Menschen dominiert von **Angst**. Er hat ständig das Gefühl, auf ein Desaster zuzurennen. Darunter liegt eine tiefe und dauerhafte **Depression**, bedingt durch den **niedrigen Serotoninspiegel**. Dieser Typ Mensch tut alles, um seine Depression nicht fühlen zu müssen. Er **meidet Ruhe** und Entspannung und sorgt so unbewusst dafür, dass der Cortisolspiegel ständig hoch bleibt, dass ständig genügend Stress vorhanden ist. Ruhe wäre für ihn eine **bedrohliche Vorstellung**, denn dann käme er in Kontakt mit seiner Depression. Bevor das geschieht, produziert er lieber Krisen, Stress, Desaster, also alles, was den Cortisol- und somit auch den Dopaminspiegel wieder anhebt.

Der Preis, den der handlungsorientierte Mensch bezahlt, ist der hohe Cortisolspiegel. Sein Körper ist ständig und über Jahre im **„Überlebensmodus“**, immer wieder neu wird die „Kampf-oder-Flucht-Routine“ angeschmissen. Ein hoher Cortisolspiegel hat zahlreiche Auswirkungen, so gibt es Studien, die einen Zusammenhang zu Herzinfarkten, Diabetes, Krebs, hohem Blutdruck und Alzheimer herstellen. Bei Frauen sorgt ein zu hoher Cortisolspiegel dafür, dass die Periode unregelmäßig kommt oder sogar ganz ausfällt. Das Immunsystem kann nach Jahren der Stressbelastung zusammenbrechen und man altert schneller.

Handlungssuchende Menschen sind die klassischen Workaholics und finden Konflikte häufig stimulierend.

Entscheidend ist jedoch, dass folgende Verhaltensweisen bei einem hohen Cortisolspiegel ebenfalls zunehmen:

- **Überessen**, besonders Fett, Zucker und raffinierte Kohlenhydrate (um die Angst zu lindern und um genügend Cortisol zu puschen).
- Es wird **zu viel Alkohol** getrunken (gleiche Gründe wie bei den Kohlenhydraten).
- Es wird **Kaffee** oder andere Form von Coffein gebraucht, um durch den Tag zu kommen.
- Es wird übermäßig viel Geld für **Shopping** ausgegeben (als Stressreduktion).
- Es wird viel zu viel ferngesehen (beruhigt den Handllungsorientierten, weil es vom Grübeln abhält).
- **Rauchen**

Das viele Cortisol sorgt dafür, dass Kohlenhydrate schneller verbrannt werden und die Verbrennung von Fettsäuren verlangsamt wird. Gleichzeitig wird viel Fett besonders in der **Bauchregion** gespeichert, in der Nähe der Leber, da hier der Körper schnell Zugang zur gespeicherten Energie hat. Daher bekommen handlungsorientierte Menschen nach Mahlzeiten, die nur oder überwiegend Kohlenhydrate enthalten, sehr schnell wieder Hunger. Die Gefahr einer zu eiweißreichen Ernährung beim handlungssuchenden Menschen ist die, dass der Dopaminspiegel noch mehr gesteigert wird, als das ohnehin der Fall ist, denn eiweißreiche Mahlzeiten erhöhen den Dopaminspiegel. Aber wenn er nur Kohlenhydrate isst, verbrennen diese zu schnell. Eiweiß verlangsamt die Verbrennung von Kohlenhydraten.

Der Ruhesuchende

Der Gegentypus des handlungssuchenden ist der ruhesuchende Mensch, also derjenige, der die Ruhe und die Belohnung sucht. Sein **Cortisolspiegel** ist eher **zu niedrig**, häufig eine Folge der Tatsache, dass er seit seiner Kindheit gelernt hat, **Gefühle zu unterdrücken**. Entsprechend dem niedrigen Cortisolwert ist auch der Dopaminspiegel im Gehirn niedrig. Infolgedessen hat der Ruhesuchende einen niedrigeren Dopaminspiegel, weist weniger Aggressivität und Motivation auf und hat somit im Falle einer Stresssituation auch **weniger Energie**.

Dieser Typ Mensch **vermeidet** daher die **Aufregung** und sucht stattdessen nach Ruhe und Entspannung. Er weicht eben jenem Stress aus, den der Handlungssuchende immer sucht. Er konzentriert sich auf Gefühle von **Sicherheit**, Erlösung und **Wohlbefinden**. Solche Persönlichkeiten fühlen sich

Der Ruhesuchende liebt Plätze, die eine ruhige Atmosphäre aufweisen.

von ausgleichenden Umgebungen angezogen, von Plätzen, die eine ruhige Atmosphäre aufweisen usw. Sie suchen vor allem **Intimität** – mit sich und mit anderen. Es sind die „B-Typen", das Gegenteil des auf Ziele orientierten „A-Typs". Sie lieben **Langsamkeit**, **Vertrautheit**, intellektuelle, einfühlsame Gespräche, aber keine Debatten. Eine ruhesuchende Person pflegt wenige, aber sehr intime Freundschaften, ist sesshaft und liebt die **Routine** – sie beruhigt ihn. Er vermeidet tunlichst jegliche Art von Konflikt. Wird er dennoch mit einem Konflikt konfrontiert, reagiert er mit Sanftheit und Passivität. Er bevorzugt und mag es, wilde Wasser zu beruhigen, und sieht sich selbst als Friedensstifter. Daher auch sein Bestreben, aggressive Gefühle wie Ärger für sich zu behalten, zu unterdrücken, um sich ja nicht in eine antagonistische Position zu anderen Menschen zu bringen.

Er oder sie mag Jobs, in denen man, beispielsweise im Büro, alleine oder höchstens in Kleingruppen arbeitet. Ehrgeiz ist bei der ruhesuchenden Persönlichkeit kaum bis gar nicht vorhanden. Sie mag keine Arbeit, die große physische Anforderungen stellt, möchte einen Job mit geregeltem Feierabend, Urlaub und freien Tagen. Der Ruhesuchende wird Programmierer, Buchhändler, Lehrer oder der Typ Wissenschaftler, der sich ganz seiner Forschung widmet. Wenn er Arzt wird, dann nicht der Chirurg im Rampenlicht, sondern der Internist, der Hausarzt.

Treibt ein Mensch dieses Typs Sport, so vor allem beruhigende und ausgleichende Sportarten wie Walking, Stretching, Schwimmen, Low-Impact-Aerobic, Langstreckenlauf – und **ohne Konkurrenzdruck**. Zur Unterhaltung wählt er Filme wie romantische Dramen oder Komödien. Er mag das Kerzenlichtdinner zu zweit, das seinem Streben nach engen, intimen Beziehungen entspricht. Er liebt intensive, ausführliche Gespräche, liebt Museen, Symphonien, das Theater, besonders die klassischen Stücke. Er hört gern sanfte Klänge wie Folk, meditative Musik, Schlager. In den Ferien wählt er den behaglichen Badeurlaub und das gemütliche Häuschen in den Bergen, wohin er schon seit zehn Jahren fährt, am liebsten mit der Familie oder ein paar nahen Freunden. Er liebt Orte, wo sich die Zeit verlangsamt.

Im Gegensatz zum handlungssuchenden Menschen ist er häufiger **introvertiert**. Emotional ist das Innenleben des Ruhesuchenden bestimmt von Gefühlen von **Ohnmacht** und **Unsicherheit**.

Wegen des niedrigere Dopaminspiegels kann sich der ruhesuchende Mensch länger auf eine „puzzelige" Aufgabe konzentrieren als der handlungssuchende. Wenn sein Dopaminspiegel nicht derart im Keller ist, dass er sich völlig hoffnungslos fühlt, kann er sich sogar jahrelang einem Thema widmen und es zur Meisterschaft bringen. Der mäßige Mangel an Dopamin hat für den Betroffenen durchaus Vorteile: Er wird nicht durch die Unzahl von Assoziationen abgelenkt, die dem Handlungssuchenden durch den Kopf schwirren. Der ruhigere Typ kann Aufgaben und Objekten eine Priorität geben, weil ihm nicht alles als gleich wichtig erscheint, und denkt trotzdem nicht überfokussiert, so dass er auch in der Lage ist, Zwischentöne wahrzunehmen und kognitiv zu verarbeiten.

Auch sein Stoffwechsel wird vom Cortisolspiegel bestimmt. Da dieser niedriger ist, verbrennt er Kohlenhydrate wesentlich langsamer. Er kann also Nudeln ohne Eiweiß essen, ohne sofort wieder eine Heißhungerattacke zu bekommen. Der langsamere Stoffwechsel des ruhesuchenden Menschen verträgt zwar bei weitem nicht so gut Fett und Eiweiß wie der seines aktiven Kollegen und dennoch: Der niedrige Dopaminspiegel motiviert ihn häufig dazu, gerade diese Nahrungsmittel zu essen, denn er leidet ja auch unter dem Energiemangel. Der Mangel an Cortisol führt dazu, dass er auch zu Zucker, Kaffee und Alkohol greift – um wenigstens einen kurzfristigen Energielift zu bekommen. Außerdem kommt es zu einem Unterzuckerungsproblem, denn der Cortisolspiegel stützt den Blutzuckerspiegel. Daher leidet der Ruhesuchende zwar nicht so unter dramatischen Heißhungerattacken wie der Handlungssuchende, hat aber ebenfalls einen **instabilen Blutzuckerspiegel** mit allen entsprechenden Folgen. Daher muss auch der Mensch mit niedrigem Cortisolspiegel seinen Blutzuckerspiegel stabilisieren, um aus der Zuckersucht aussteigen zu können.

Wie richtige Ernährung hilft

Grundlagen für beide Ernährungstypen

Da sowohl dem Handlungssuchenden als auch dem Ruhesuchenden gemein ist, dass sie ihren Blutzuckerspiegel stabil halten müssen, gibt es gewisse Ernährungsgrundlagen, die für beide Typen gleichermaßen gelten.

Drei Grundnährstoffe: Kohlenhydrate, Fett und Eiweiß

Ernährungswissenschafter haben sich in den letzten Jahrzehnten vor allem bemüht herauszufinden, welche Nahrung gesund ist und was der Mensch essen sollte. Dabei haben sie sich sehr häufig auf das Mengenverhältnis zwischen den einzelnen Makronährstoffen konzentriert und erbitterte Schlachten um die Frage ausgefochten, ob der Mensch nun mehr Kohlenhydrate oder mehr Eiweiß konsumieren sollte und wie viel Fett nun tatsächlich dabei sein „darf". In aller Regel haben die Wissenschafter von Kohlenhydraten gesprochen, als seien alle Kohlenhydrate gleich, alle Proteine (also Eiweißquellen) gleich und vor Fetten wurde gewarnt, als sei Fett gleich Fett. Und schlussendlich wurde so getan, als wäre der Stoffwechsel aller Menschen identisch und als gäbe es daher für alle gültige Ratschläge. Für einige Erkenntnisse stimmt das sogar, für andere aber nicht.

Denn es sind weder alle Kohlenhydrate noch alle Proteine noch alle Fette gleich. Sie unterscheiden sich allesamt chemisch sehr deutlich und somit

- unterscheiden sie sich in der Art und Weise, wie der menschliche Körper sie verstoffwechselt.
- unterscheiden sie sich hinsichtlich ihrer Fähigkeit, an der Produktion bestimmter Botenstoffe in Gehirn und Körper mitzuwirken;
- unterschieden sich hinsichtlich ihrer direkten oder indirekten Wirkung auf den menschlichen Appetit (und somit auf die Menge der verzehrten Nahrungsmittel).

Süchtiges Verhalten, so wurde in den letzten Kapiteln dargestellt, wird immer ausgelöst von einem Absinken des Serotoninspiegels. Folglich trägt alles, was zu einem **Absinken des Serotoninspiegels** führt, auch zu süchtigem Verhalten bei. Die Frage ist daher nicht, ob Kohlenhydrate generell gut und Fette generell böse oder Fette gut und Kohlenhydrate böse sind. Die Frage bezüglich Sucht und Gesundheit ist, wie die unterschiedlichen Fette und Kohlenhydrate **wirken**.

Falsche Fette und schlechte Kohlenhydrate unterscheiden sich von ihrem gesunden Gegenpart dadurch, dass sie **Lust auf mehr** machen und das Appetitsystem langfristig außer Kraft setzen. Gesunde Fette und gesunde Kohlenhydrate steigern den Serotoninspiegel oder stabilisieren ihn zumindest, aber sie senken ihn nicht. Daher tragen sie nichts zur Sucht bei, sondern wirken süchtigem Verhalten sogar entgegen.

Das jeweils benötigte Mengenverhältnis zwischen den beiden Makronährstoffen Kohlenhydrate und Fette ist unterschiedlich, und zwar je nach Typ: schneller oder langsamer Verbrenner. Wer Kohlenhydrate sehr schnell verstoffwechselt, braucht etwas anderes als jemand, der Kohlenhydrate langsam verbrennt. Die Frage allerdings, welche Kohlenhydrate und Fette **gesund** sind, ist nicht nur eindeutig, sondern auch für beide Typen identisch zu beantworten.

Kohlenhydrate

Der Begriff „Zucker“ kann irreführend sein. Die meisten Menschen denken beim Begriff „Zucker“ an jenen weißen Haushaltszucker, der auch auf dem Titelblatt dieses Buches abgebildet ist. „Zucker“ kann aber eine Menge Bedeutungen haben, und um zu verstehen, worauf man eigentlich süchtig oder mit Blutzuckerspiegelschwankungen reagiert, ist es wichtig zu wissen, was Zucker wirklich ist.

Kohlenhydrate sind eine der drei Grundnährstoffe, die der Körper braucht, um zu existieren, die anderen beiden sind Fett und Proteine. Was genau sind Kohlenhydrate? Wesentliche Bestandteile von Nahrungsmitteln. **Stärke**, **Zucker**, **Ballaststoffe** – all das sind Kohlenhydrate, wobei Stärke und Zucker die Energiereserven der Natur sind, denn sie werden aus Sonnenlicht, Kohlenstoffdioxid und Wasser gebildet. Die einfachste Form der Kohlenhydrate sind die **Einfachzucker**, die Monosaccharide. Das bedeutendste Monosaccharid ist die **Glukose**, die sowohl als Einfachzucker als auch als Grundbaustein von Stärke in Nahrungsmitteln vorkommt. Weitere Monosaccharide sind **Fructose** und **Galaktose**. Durch die Verbindung zweier Monosaccharide entsteht ein sogenanntes Disaccharid, ein **Zweifachzucker**. Disaccharide sind:

- **Saccharose** (Rohr- oder Rübenzucker, also der gewöhnliche weiße Haushaltszucker), dieser ist eine Verbindung aus einem Molekül Fructose und einem Molekül Glukose;
- **Maltose** (Malzzucker – der in Bier enthaltene Zucker), zusammengesetzt aus zwei Teilen Glukose;
- **Laktose** (Milchzucker – der Zucker, der die Milch süßlich schmecken lässt), Verbindung aus einem Teil Glukose und einem Teil Galaktose.

Bier enthält Malzzucker.

Milchzucker lässt die Milch süßlich schmecken.

Je länger die Kette der Monosaccharide in einem Kohlenhydrat wird, desto weniger süß schmeckt es. Während Einfachzucker ausgesprochen süß und Zweifachzucker ebenfalls noch recht süß schmecken, vermitteln die sogenannten **Mehrfachzucker**, die Polysaccharide, nur noch ein sehr reduziertes „süßes" Geschmackserlebnis. Kartoffeln schmecken weniger süß als Schokolade und Weißbrot schmeckt süßer als Vollkornbrot. **Zellulose**, **Stärke** und **Glykogen** sind Polysaccharide. Sie bestehen aus mehr als 1000 Bausteinen Glukose. Man nennt sie daher auch „komplexe Kohlenhydrate". **Ballaststoffe** sind sehr lange Ketten aus Monosacchariden. Sie unterscheiden sich von anderen Kohlenhydraten dadurch, dass der menschliche Körper keine Enzyme hat, um sie zu verdauen. Deshalb erreichen Ballaststoffe den Dickdarm, ohne sich in ihrer Struktur zu verändern. Es gibt verschiedene Arten von Ballaststoffen mit entsprechend unterschiedlichen Eigenschaften. Einige von ihnen sind wasserlöslich und quellen im Darm auf. Sie verzögern die Geschwindigkeit, mit der ein Lebensmittel verdaut wird. Andere Ballaststoffe, z.B. Zellulose, sind wasserunlöslich, das heißt, sie beeinflussen nicht die Verdauungsgeschwindigkeit von Nahrung.

Kohlenhydrate finden sich vor allem in pflanzlicher Nahrung wie in **Getreide**, **Früchten**, **Gemüse** und Hülsenfrüchten (Erbsen und Bohnen). Auch Milchprodukte enthalten Kohlenhydrate in Form von Milchzucker (Laktose). Hier liegt einer der Gründe, warum **Milchprodukte** sehr wohl zu einem instabilen Blutzucker beitragen können. Der Zucker in Früchten ist ebenso ein Kohlenhydrat wie der in Honig, Softdrinks, raffiniertem (= verarbeitetem) Zucker und Süßigkeiten. Lebensmittel enthalten nicht nur verschiedene Kohlenhydratarten, sondern auch -mengen:

Besonders kohlenhydrathaltig sind **Getreidesorten** wie weißer Reis, Weizen, Hafer, Gerste und alles, was daraus gemacht wird (Brot, Nudeln, Mehl, Frühstücksflocken), aber auch Früchte, z.B. Äpfel, Bananen, Grapefruits, Melonen sowie Hülsenfrüchte (alle Sorten Erbsen und Bohnen) und Milchprodukte. Der Zucker in Milchprodukten kann auf zuckersensible Menschen intensiv wirken und zu einem instabilen Blutzucker beitragen, daher sind auch Milchprodukte nichts, was man in unbegrenzten Mengen verzehren sollte.

Die Unterscheidung zwischen den einzelnen Kohlenhydratsorten ist deshalb so wichtig, weil sich daran bemisst, wie schnell sie nach dem Konsum verarbeitet werden. Und je schneller sie verstoffwechselt werden, desto eher tragen sie zu Blutzuckerschwankungen bei.

Wichtig ist: All diese Formen sind Zucker und Ihr Körper reagiert auch auf diesen Zucker. Alle tragen zu Blutzuckerschwankungen bei, auch wenn sie kein weißer Haushaltszucker sind.

DIE VIELEN NAMEN DES ZUCKERS

BRAUNER ZUCKER: Brauner Zucker ist eine Sammelbezeichnung für alle Zucker mit brauner Farbe. Zur Gewinnung von braunen Zuckern gibt es unterschiedliche Verfahren: Z. B. weiße Zuckerkristalle werden mit braunen Zuckerrohrsirupen gemischt, sie werden aus durch Hitzeeinwirkung braun gewordenen Sirupen (Karamellisierung) oder aus Mischungen von weißen und braunen Sirupen auskristallisiert, weniger häufig sind es Zwischenprodukte bei der Zuckerherstellung. Anhaftender Sirup verleiht dem Zucker Färbung und klebrige feuchte Konsistenz. Brauner Zucker ist nicht gesünder als andere Zuckerarten!

DEKORIERZUCKER: Feinster Puderzucker oft mit Fett umhüllt, zur Dekoration von Gebäck, da auf warmem Gebäck nicht schmelzend.

DEMERARA-ZUCKER: Weißer Rohrzucker, der mit Melasse aus Zuckerrohr versetzt ist. Er bildet ein großes, leicht klebriges, braunes Kristall. Er wird häufig zu Kaffee serviert und auch bei der Herstellung von Gebäck und Süßigkeiten verwendet.

DEXTROSE: Anderer Name für Glukose. Einfachzucker.

EINMACHZUCKER: Eine grobkörnige Raffinade, die besonders rein und auch durch die grobe Struktur ideal zum Einmachen von Obst und Gemüse ist. Enthält kein Geliermittel.

FARIN: Feiner, brauner Zucker, durch Zufügen von Sirup braun gefärbt.

FONDANT: Gerührte Masse aus gekochtem Zucker und Glukosesirup, sehr fein und kristallin, für die Zubereitung von Glasuren auf Gebäck und Torten, für Füllungen in Süßwaren, Pralinen und Konfekt.

FRUCHTZUCKER (auch Fructose genannt): Einfachzucker und Grundbaustein vieler Mehrfachzucker. Ist neben Traubenzucker einer der Hauptbestandteile von Honig (27 bis 44 %).

GALAKTOSE: Einfachzucker, s. Seite 47

GELIERZUCKER: Für Konfitüren, Gelees und Marmeladen; aus Raffinade mit gehärtetem Palmöl, Pektin als Geliermittel sowie Zitronensäure oder Weinsäure als Säuerungsmittel, teilweise auch mit Konservierungsstoffen.

GLUKOSESIRUP: Auch Bonbonsirup genannt. Ein flüssiger Stärkesirup. Wird für die Produktion von Süßwaren, Likören, Marmeladen, Marzipan, Fondants etc. verwendet.

HAGELZUCKER: Sieht aus wie kleine Hagelkörner, zum Verzieren von Gebäck oder als Brotbelag; aus Raffinade durch Agglomerieren hergestellt.

HEXOSEN: Einfachzucker wie Glukose mit hoher Süßkraft

HONIG

INVERTZUCKER: Wässrige, teilweise kristallierte Lösung aus Saccharose. Wird für die Herstellung von Obstkonserven, Speisesirup, Likör oder Gebäck verwendet.

ISOGLUKOSE (auch „Glukose-Fructoseesirup", „High Fructose Corn Sirup"): In Getränken und Obstkonserven verwendet, ein durch Stärkeabbau gewonnenes Produkt. Vorwiegend aus Mais- oder Weizenstärke hergestellt.

KANDISFARIN: Brauner Kandis mit kleinerer Kristallgröße.

KANDISZUCKER: Zuckerkristalle von unterschiedlicher Größe und Farbe; entsteht durch langsames Auskristallisieren reiner Zuckerlösung. Um braunen Kandis zu erhalten, wird karamellisierter Zucker zugefügt; gleiche Süßkraft wie Raffinade.

KARAMELL: Durch Erhitzen von Zuckerarten entstehende braune Masse. Je nach Erhitzungsdauer mit hell bis dunkelbrauner Farbe und aromatischem bis herben Karamellgeschmack.

LAEVULOSE: Bezeichnung für Fruktose, den Fruchtzucker.

LAKTIT: Ein Zuckerstoff, der aus Milchzucker gewonnen wird.

LÄUTERZUCKER: Klarer, dickflüssiger Sirup aus Zucker und Wasser, z. B. für die Herstellung von Mixgetränken eingesetzt, da auch kalt schnell löslich.

MALTODEXTRIN: Wasserlösliches Kohlenhydratgemisch, bestehend aus Maltose und Dextrose. Wird eingesetzt, um Lebensmittel mit Kohlenhydraten anzureichern.

MALTOSE, MALZZUCKER: Aus Stärke gewonnener Zucker, der bei der Produktion von Alkohol zum Einsatz kommt.

MELASSE: Als dunkelbrauner Sirup verbleibender „Produktionsrest" der Zuckerherstellung; dient der Alkohol- oder Hefeherstellung, wird auch als Viehfutter verwertet. Melasse aus Zuckerrohr dient der Rumherstellung.

MILCHZUCKER („Laktose", „Sandzucker"): In der Milch vorkommend, ist ein Zweifachzucker aus Glukose und Galactose.

MUSKOVADE/MUSCOVADO: Ungereinigter und unraffinierter brauner Rohrzucker

PALMZUCKER: Ein Extrakt aus dem Blütensaft der Atta- und Zuckerpalme (Unterfamilie Arecoideae). Er ist weniger süß als anderer Zucker und hat eine karamellartige Note.

PERLZUCKER: Andere Bezeichnung für Hagelzucker (siehe dort).

PILÉZUCKER: Weißzucker aus Zuckerplatten in Stücke zerschlagen.

PUDERZUCKER ODER STAUBZUCKER: Fein gemahlene Raffinade; wird bei der Herstellung von Zuckerglasuren und zum Backen verwendet.

ROHRZUCKER: Zucker, aus Zuckerrohr hergestellt; gleichbedeutend mit Saccharose, chemisch identisch mit dem Rübenzucker. Rohrzucker wird häufig im Erzeugerland als Rohzucker abgegeben und in speziellen Zuckerraffinerien aufgelöst, erneut kristallisiert (=raffiniert) und je nach dem Bedarf des lokalen Marktes in verschiedenen Sorten an die Verbraucher abgegeben. Vollrohrzucker ist eingedickter und getrockneter Zuckerrohrsaft ohne weitere Verarbeitung. Er besteht zu 95 % aus Saccharose und anderen Zuckerarten, enthält aber auch Mineralstoffe, Spurenelemente und Vitamine.

SEIDENZUCKER: Fein verarbeiteter Zucker für edle Verzierungen

SIRUP: Ahornsirup, Rübensirup, Birnendicksaft u. a. Sirupe durch mehrmaliges Kochen des Saftes hergestellt. Hoher Zuckeranteil: Ahornsirup 65 %, Rübensirup 62 %, Birnendicksaft 78 %.

STÄRKEZUCKER: Alle aus Stärke (z. B. Maisstärke) hergestellten Zuckerarten, u. a.: IsoGlukose, Stärkesirup, Glukosesirup Maltodextrin; in der Industrie zunehmend verbreitet, häufige Alternative zu Zucker.

TEEZUCKER: Grobkörniger Zucker (mit etwa 5 mm feiner als Kandiszucker)

TRAUBENZUCKER: (auch Glukose oder Dextrose genannt): Wird aus Stärke hergestellt und ist als Einfachzucker der Grundbaustein vieler Mehrfachzucker. Kommt im Stoffwechsel des Menschen als sogenannter Blutzucker vor und ist neben Fruchtzucker einer der Hauptbestandteile des Honigs.

VANILLEZUCKER: Feiner weißer Zucker mit echtem Vanillemark gemischt.

VANILLINZUCKER: Statt echter Vanille wird Vanillin-Aroma mit feinem weißem Zucker vermischt.

WEIßZUCKER: Auch „Grundsorte", Vorform der Raffinade.

WÜRFELZUCKER (auch Stückenzucker): Angefeuchtete Raffinade meist zu Quadern (nur noch selten zu Würfeln) gepresst, anschließend wieder getrocknet. Variante: Bridge-Zucker

ZUCKERALKOHOLE: Als Zuckeraustauschstoffe verwendet. Zuckerabbau bei Verdauung langsamer als normaler Zucker. Bedeutsam für nicht insulinpflichtige Diabetiker, z. B. Sorbit, Xylit und Mannit.

ZUCKERSTREUSEL: Typisch holländischer Brotbelag zum Frühstück aus eingefärbtem Zucker.

ZUCKERKULÖR: Lösung aus sehr dunklem und damit nicht mehr süßem Karamell, zum Färben von Speisen verwendet.

ZUCKERLOMPEN: Werden aus Zuckerrohr hergestellt. Die ungleichmäßigen Stücke werden gepresst und passen gut zu vielen heißen Getränken. Sie lösen sich schneller als Kandis.

EIN TYPISCHES ETIKETT

Als Beispiel für die Verschleierungstaktik der Industrie, was Zucker angeht, sei folgendes Produkt genannt. Eine Sauce namens „Balsamico Creme", auf dem Etikett sind viele gesunde Trauben abgebildet (erste Verschleierungstaktik, die Sauce wird mit „gesund" assoziiert). Das Etikett enthält folgenden Hinweis: 60% bestehen aus Weinessig und eingekochtem Traubensaft. D.h., es handelt sich um ein Produkt mit minimalen Mengen Alkohol und einem sehr hohen Anteil an Fruchtzucker. Wäre das alles, müsste man die Soße bereits als Süßigkeit werten, auch wenn sie wegen des Weinessigs leicht süß-sauer schmeckt. Es kommt aber noch schlimmer: Der Rest, also 40%, besteht aus Glucosesirup (= Zucker), modifizierter Maisstärke (= schnelllösliches Kohlenhydrat, Zucker), Maltodextrin (= schnelllösliches Kohlenhydrat), Dextrose (= Traubenzucker, also Glukose) und einem Verdickungsmittel.

Das Etikett ist so klein gedruckt, dass man es im Laden kaum lesen kann (zweite Verschleierungstaktik). Bei den Mengenangaben fehlt der Hinweis, dass 40% nicht aus Essig bestehen. Bei 100 Gramm sind das 40 Gramm. Die Kohlenhydrate sind also nicht in Gramm angegeben, sondern in Prozent. Wer ist schon so gut im Kopfrechnen, dass er ohne Taschenrechner 40% von 215 ml ausrechnen kann (dritte Verschleierungstaktik)? Alle Zuckerarten sind mit Fremdworten angegeben und einzeln aufgezählt, so dass man nicht weiß, was alles Zucker ist, es sei denn, man hat ein Chemiestudium absolviert (vierte Verschleierungstaktik).

In Wahrheit enthält das „gesunde Produkt" ca. 86 Gramm Zucker pro Flasche, den Essig und den eingekochten Traubensaft noch nicht mitgerechnet. Sie kaufen also ein Produkt, das zu fast 100% aus Zucker besteht und das süßer ist, als das Eis auf das Sie gerade verzichtet haben. Wenn Sie einen Teelöffel darüber über Ihr Fleisch geben (als Rezeptidee angegeben) wird aus der Hauptspeise ein Dessert. Das Produkt ist erheblich zuckriger als Ketchup.

Beim Verzehr von Lebensmitteln spielen folgende Faktoren eine Rolle: Wichtig ist der **Fettgehalt** eines Lebensmittels (fetthaltige Lebensmittel werden langsamer verstoffwechselt), der **Ballaststoffgehalt** (je mehr Ballaststoffe, desto langsamer) und die **„Partikelgröße"**. Besonders die Partikelgröße ist entscheidend. Stellen Sie sich vor, Sie essen auf einmal 20 Äpfel; kaum jemand schafft das. Aber 1 bis 2 Liter Apfelsaft, frisch gepresst, das kann man wohl trinken. Können Sie acht Kartoffeln auf einmal essen? Ich nicht. Aber einen ordentlichen Teller Kartoffelbrei, das ist kein Problem. Acht Kartoffeln, zerstampft zu Brei, kann man essen. Die Partikelgröße eines Produktes bemisst sich danach, wie stark es verkleinert wurde. Es spielt keine Rolle, ob Sie die Kartoffeln selbst stampfen oder ein Fertigprodukt kaufen: Je mehr eine Nahrung zerkleinert wurde, desto mehr kann man in kürzerer Zeit davon essen. Umso schneller wird sie auch verstoffwechselt und desto instabiler wird der Blutzuckerspiegel. Je stärker das Produkt verarbeitet ist, desto süchtiger macht es. Meist sind ihm dann auch die Ballaststoffe entzogen. Vollkornbrot wird viel langsamer verstoffwechselt als Weißbrot, das eine viel kleinere Partikelgröße hat.

Früchte sind im Grunde gesund, sie enthalten viele notwendige Mineralien und Vitamine, aber sie enthalten viel Fructose, also eine der süchtig machenden Zuckerarten. Wer seinen Blutzuckerspiegel unter Kontrolle bekommen möchte, der muss seinen Früchtekonsum auf jene Früchte beschränken, die langsam verstoffwechselt werden.

Diätgetränke

Besonders fatal sind Diätgetränke wie Cola oder Limonade mit Süßstoff, aber auch sämtliche mit Süßstoffen auf „süß" getrimmten Lebensmittel. Denn durch den Konsum von sogenannten Diätgetränken und -lebensmitteln entsteht der Bedarf nach weiterer Nahrungsaufnahme. Schmeckt die Zunge „süß", nimmt das Gehirn an, dass dem Körper Energie in Form von Zucker zugeführt wird. Es weist die Leber an, die Produktion von Zucker aus den Protein- und Stärkereserven des Körpers einzustellen und stattdessen die im Blut zirkulierenden Stoffwechselbrennstoffe zu speichern. Ein normaler Stoffwechsel gibt während der „Fastenphase" zwischen den Mahlzeiten die gespeicherte Energie ab. Deshalb hat man in dieser Zeit auch nicht ständig Hunger. Süßstoffe signalisieren dem Gehirn, dass die

Fastenphase zu Ende ist und wieder **Energie** kommt. Folglich tut der Körper das, was er immer während der Nahrungsaufnahmephase tut: Er speichert Energie. Doch durch die Diätprodukte fehlt dem Körper jetzt Energie – und er bekommt Hunger. So fördern sämtliche Süßstoffe Heißhungerattacken ganz ungemein.

Zucker und Süßstoff

Süßstoffe sind sogar noch schlimmer als Zucker. Denn sie konditionieren das Gehirn auf das Bedürfnis nach Zucker und erzeugen **künstlich Hunger** (vgl. Diätgetränke). Daher ist es ausgesprochen ratsam, die Etiketten genau zu lesen. Letztlich sind **alle** Zuckerformen problematisch, mögen sie sich auch noch so gekonnt hinter den verschiedenen Namen verstecken.

SÜSSSTOFFE

Süßstoffe sind synthetisch hergestellte oder natürliche Ersatzstoffe für Zucker, die eine wesentlich stärkere Süßkraft haben. Die Süßkraft der Süßstoffe wird immer auf Saccharose bezogen, die demnach die Süßkraft 1 hat. Wenn die „relative Süßkraft" einen Wert von 130 hat, ist dieser Stoff 130 mal süßer als unser Zucker.

Name	Relative Süßkraft
Acesulfam (E 950)	130 – 200
Aspartam (E 951)	200
Aspartam-Acesulfam-Salz (E 962)	350
Cyclamat (E 952)	30 – 50
Saccharin (E 954)	300 – 500
Sucralose (E 955)	600
Thaumatin (E 957)	2000 – 3000
Neohesperidin (E 959)	400 – 600

Regelrecht **lebensgefährlich** sind industriell hergestellte Zuckerformen wie „High Fructose Corn Sirup", ein „Wundermittel", das zu einem Großteil aus Fructose besteht und das sehr viel süßer ist als alles, was in der Natur vorkommt. Fructose ist an und für sich ein gesunder Zucker – wenn er so verwendet wird, wie er von der Natur „hergestellt" wird, also in Früchten und bestimmten Gemüsesorten. Die hier genannte Fructose wird aus **Mais** hergestellt. In Form von Getränken und Frühstücksflocken, die inzwischen alle mit dieser billig herzustellenden Supersüße „gezuckert" werden, nimmt der Mensch sehr viel höhere Mengen an Fructose zu sich, als jemals von der Natur vorgesehen. Die Fructose stimuliert die Leber zur Abgabe von Fett ins Blut, wodurch sich die **Blutfettwerte** sehr viel stärker erhöhen, als durch einen noch so hemmungslosen Verzehr von fetthaltigen Lebensmitteln.

Die Super-Fructose stimuliert die Leber zur Abgabe von viel zu viel Fett ins Blut.

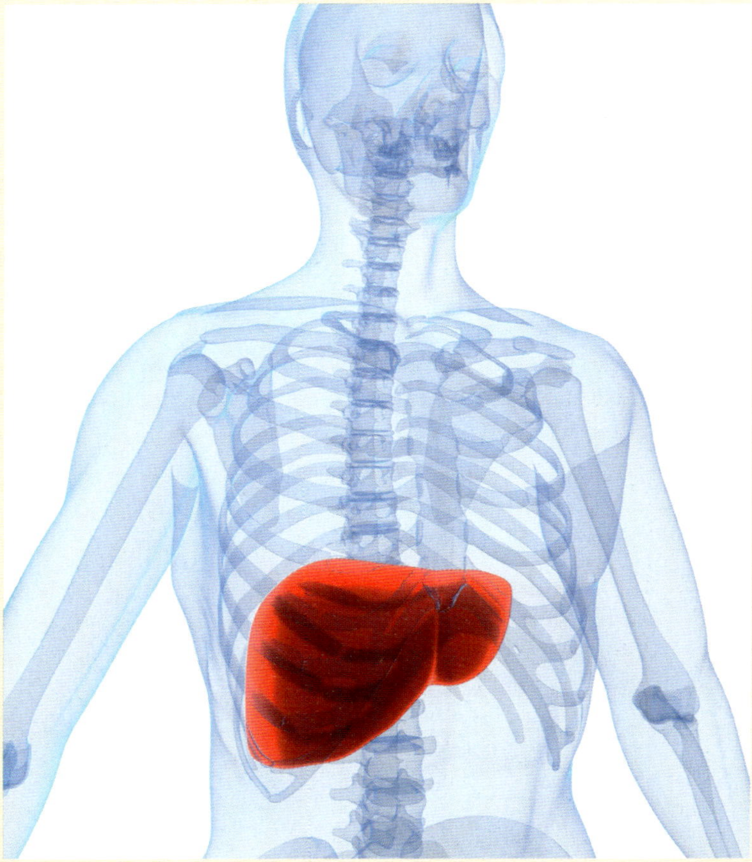

Mit Kartoffeln und Nudeln wurden die Amerikaner dicker und dicker.

Fette

Eines der heikelsten Themen der letzten Jahre war das Thema „Fett“. Es gab und gibt so etwas wie eine kollektiv inszenierte „Fettphobie“, deren beliebteste Schlagzeile „Fett macht fett“ war. Die Amerikaner haben jahrzehntelang fettarme Diäten befolgt. **„Low-Fat“** war in, Fett galt als DER Dickmacher schlechthin, Kohlenhydrate waren mit dem Prädikat „gesund“ versehen. Also kauften die Bürger eines freien Landes einer freien Welt massenweise Low-Fat-Produkte, um abzunehmen, und Nudeln, um das Gewicht zu halten. Es war der Lebenssmittelindustrie gelungen, tief in den Hirnen der Bevölkerung einen Glaubenssatz zu etablieren, der zusammengefasst besagte: Kohlenhydrate kannst du bedenkenlos – und ohne dick zu werden – in beliebiger Menge essen. Her also mit den Kartoffeln, den Nudeln, den fettarmen Süßigkeiten, der 0,1%-Milch – und die Amerikaner wurden bei dieser Art der Ernährung, genau wie die Deutschen, dicker und dicker. Und während sich die Konsumenten an eine **kohlenhydratreiche Diät** hielten, stieg die Zahl der Herzinfarkte, das Übergewicht nahm epidemisch zu und die Abnehmwilligen wurden ihr Fett einfach nicht los.

Fakt ist, die **falschen Fette** machen tatsächlich **dick**, aber die **richtigen Fette** sind unbedingt **notwendig**, um den Blutzuckerspiegel stabil zu halten und Stress zu reduzieren. Denn, wie schon dargestellt, kommt es für die Regulation des Blutzuckerspiegels darauf an, ob die Zelle fähig ist, auf Insulin zu reagieren. **Omega-3-Fettsäuren** sind entscheidend für das korrekte Funktionieren der Zellmembranen, die zu 60% aus Fett bestehen. Sie helfen der Membran weich und flexibel zu bleiben. Wenn diese weich und flexibel sind – anstatt starr und verhärtet, was sie ohne diese Fette sind – sind die Zellmembranen sensitiver für Insulin. Das wiederum bedeutet, dass problemlos Glukose in die Zelle hineingeschleust werden kann und als Energieträger genutzt werden kann. Und das bedeutet wiederum, der Blutzuckerspiegel bleibt stabil.

Fette werden unterteilt in **gesättigte, ungesättigte** sowie „entartete" Fette, sogenannte Transfette. Bei den ungesättigten Fetten wird nochmals unterschieden zwischen **einfach** und **mehrfach ungesättigten Fetten** (essenziell). Essenziell ist ein Fett, wenn es mit der Nahrung aufgenommen werden muss und nicht im Körper selbst gebildet werden kann. Die mehrfach ungesättigten Fettsäuren lassen sich wiederum einteilen in sogenannte **Omega-6-Fette** (Linolensäure) und **Omega-3-Fette** (Alpha-Linolensäure). Fette sind bei Raumtemperatur unterschiedlich fest, Butter z.B. ist gerade noch fest, Olivenöl ist flüssig. Das nennt man die chemische Stabilität eines Fettes. Je **stabiler** ein Fett ist, desto **schädlicher** ist es für die Gesundheit.

Gesättigte Fette wie z.B. Butter haben bei Raumtemperatur eine feste Form. Sie sind vor allem in tierischen Produkten zu finden, diese essen wir, indem wir Fleisch (Kalbfleisch, Lamm, Schwein, Rind), Butter und Milchprodukte konsumieren. Aber auch alle Formen verarbeiteter Lebensmittel wie vorgebackene Kuchen, Cremes, Käse, Cracker, Würstchen aus der Tüte etc. enthalten gesättigte Fette. Der menschliche Körper ist zwar prinzipiell an die Verstoffwechselung gesättigter Fette angepasst, die Menge dieser Fette in der Nahrung ist heute jedoch zu hoch. Die verheerende Kombination ist die von gesättigten Fetten mit **weißem Mehl** und **Zucker**, wie z.B. in einem Hamburger mit Ketchup. Gesättigte Fette steigern das Risiko für Herzkrankheiten und Darmkrebs, daher der schlechte Ruf des Fettes überhaupt.

Transfette in Margarine und synthetischen Lebensmitteln sind besonders gesundheitsschädlich.

Für die menschliche Gesundheit extrem ungünstig sind die sogenannten **Transfette**, die in Margarine und anderen synthetischen Lebensmitteln vorkommen. Sie stoppen die Absorbtion von essenziellen Fetten und erhöhen die Chance, insulinresistent zu werden – die Krankheit, bei der es dem Körper nicht mehr gelingt, Zucker in die Zellen hineinzuschleusen. Sie fördern daher auch Diabetes Typ II.

Ungesättigte Fette, sowohl die einfach als auch die mehrfach ungesättigten, sind bei Raumtemperatur flüssig. Sie werden erst fest, wenn man sie kühlt, mehrfach ungesättigte Fette bleiben selbst bei Kühlung flüssig. Das prominenteste Beispiel für einfach ungesättigte Fette ist das **Olivenöl**, doch auch das aus Erdnüssen oder Avocados gewonnene Öle zählen zu dieser Gruppe. Mehrfach ungesättigte Fette befinden sich in Nüssen, Samen und Fisch sowie in den aus ihnen gewonnenen Ölen.

Gute Fette haben folgende Vorteile:

- Sie verlangsamen die Geschwindigkeit, mit der sich nach einer Mahlzeit der Magen entlehrt, d. h. sie verlangsamen auch die Verstoffwechslung von Kohlenhydraten.
- Sie steigern den Stoffwechsel.
- Sie steigern die Insulinsensivität.
- Sie wirken entzündungshemmend im Körper.

Wenn man diese Fette Kohlenhydraten hinzufügt, verbessert man seine Ernährung also enorm. Übrigens: Der alte Mythos, dass **Eier** den Cholesterinspiegel heben und daher mit Vorsicht zu genießen sind, ist längst widerlegt. Eier – wenn die Hühner biologisch gefüttert wurden – **sind gute Quellen für ungesättigte Fettsäuren**, besonders für Omega-3-Fettsäuren. Überdies helfen ungesättigte Fette dabei abzunehmen, weil sie den Stoffwechsel ankurbeln.

Für das optimale Funktionieren aller Körperzellen braucht der Mensch insbesondere die mehrfach ungesättigten Fette, und zwar im richtigen Verhältnis: So benötigt er sowohl Omega-6- als auch Omega-3-Fettsäuren, möglichst im Verhältnis 1:1, aber auch eine Verteilung von 4:1 gilt noch als gesund. Omega-3-Fettsäuren sind vor allem in **Fisch- und Leinöl** zu finden, man bekommt sie jedoch auch über den Verzehr von **grünem Blattgemüse**, **Nüssen** und **Leinsamen**. Omega-6-Fette finden sich in **Pflanzenölsorten**, z.B. Mais-, Distel- oder Sonnenblumenöl, sowie – leider in allzu großen Mengen – in Fertiggerichten.

Wie schon dargestellt, wird nur bei einer optimalen Kohlenhydratverwertung auch genügend Serotonin im Gehirn aufgebaut. Im Klartext: Falsche Kohlenhydrate haben die gleiche negative Auswirkung wie falsche Fette. Sowohl die einen als auch die anderen tragen dazu bei, dass weniger Serotonin im Gehirn aufgebaut wird und süchtiges Verhalten entsteht.

Aminosäuren

Aminosäuren sind Eiweißbausteine. Aus Aminosäuren werden **Proteine** aufgebaut, die wir täglich in Fisch, Fleisch, Huhn, Käse, Quark, Milch etc. verzehren. Alle Proteine – auch die im menschlichen Körper – setzen sich aus einzelnen Aminosäuren bzw. Eiweißbausteinen zusammen. Aminosäuren enthalten Stickstoff – anders als Kohlenhydrate und Fette. Stickstoff ist für den Körper lebensnotwendig und kann nur aus Aminosäuren bezogen werden. Alle Lebensfunktionen, seien sie körperlicher oder psychischer Natur, werden durch Proteine geleistet. Für ihre Mobilisierung braucht man das Hormon Cortisol unbedingt. Sie werden gebraucht für den Aufbau der **Muskulatur** und den Aufbau und Erhalt von Sehnen. Sie sind Bausteine von **Abwehrstoffen** (Antikcrper) und Grundstoff für **Enzyme** sowie praktisch aller Stoffwechselreaktionen. Ebenfalls zuständig sind sie für den Aufbau von **Hormonen** (z.B. Insulin und Glukagon. Sie sichern Transportfunktionen (z.B. Albumin transportiert Vitamin C, Hämoglobin transportiert Sauerstoff). Sie haben **Schutz- und Stützfunktionen** (Proteine bilden Hüllen um Körperzellen, sie sind Teil der biologischen Membranen, Träger der Erbinformationen und bauen Haut, Haare und Nägel mit auf.)

Alle Botenstoffe, die die Grundlage für psychisches Wohlbefinden, psychische Energie, kognitive und emotionale Fähigkeiten bilden, bestehen aus Aminosäuren.

Aminosäuren kann man einteilen in **essenzielle** und **nicht-essenzielle**. Essenzielle Aminosäuren kann der Körper nicht selbst herstellen, sie müssen täglich mit der Nahrung zugeführt werden. Nicht-essenzielle kann der Körper (meistens) selbst herstellen. Jedenfalls solange der Bedarf nicht so stark zunimmt, dass die Fähigkeit zur Eigensynthese überschritten wird. Essenzielle Aminosäuren sind: Histidin, Isoleuzin, Leuzin, Valin, Lysin, Methionin, Phenylalanin, Threonin, Tryptophan. Nicht-essenzielle Aminosäuren sind: Alanin, Arginin, Asparagin, Asparaginsäure, Cystein/Cystin, Glutamin (manchmal essenziell), Glutaminsäure, Glyzin, Prolin, Serin, Tyrosin

Erwachsene Menschen setzen ca. 300 Gramm Aminosäuren am Tag um. Es muss jedoch nicht dieselbe Menge im Körper aufgenommen werden.

Botenstoffe, die die Grundlage für psychisches Wohlbefinden bilden, bestehen aus Aminosäuren.

PROTEINBEDARF

Bedarf pro kg Körpergewicht

Normalbürger (inaktiv):	0,8 g
Breitensportler (1 – 3 Stunden Sport die Woche):	0,9 – 1,1 g
Leistungssportler (Ausdauer):	1,2 – 1,4 g
Leistungssportler (Kraft):	1,7 – 1,8 g
Genesender (nach Operationen, bei Krankheit, größeren Wunden):	2,0 – 2,5 g
Diäthaltender (ohne Sport):	1,8 – 2,0 g
Diäthaltender (1 – 3 Stunden Sport die Woche):	2,0 – 2,5 g

Proteine sollten **bei jeder Mahlzeit** dabei sein, weil sie die Geschwindigkeit, mit der Kohlenhydrate verstoffwechselt werden, senken. Proteine dienen also dazu, den Blutzuckerspiegel stabil zu halten. Aber wie überall ist es auch hier eine Frage der Balance.

Reine **Proteindiäten** sind dennoch einer der schnellsten Wege in die Zuckersucht. Bei **Kohlenhydratmangel** werden Aminosäuren vom Körper als Energieträger genutzt, zu diesem Zweck werden sie in Kohlenhydrate umgewandelt. Abnehmen tut man bei Proteindiäten meist vor allem Wasser, weil an jedem Gramm Glykogen vier Gramm Wasser hängen. Wenn dem Körper Kohlenhydrate entzogen werden, sieht er sich nach den Glykogenspeichern in Muskeln und Leber um. Daher sieht es so aus, als ob man nach einer proteinreichen Diät sehr schnell abnimmt. Aber erst wenn die Glykogenspeicher **komplett leer** sind, greift der Körper auf die Fettzellen zurück.

In einer Umwelt, wo es eventuell monatelang nur Fleisch gab und sehr wenig Kohlenhydrate, war dies ein ausgezeichnetes Sicherungssystem, um dem Menschen beim Überleben zu helfen. Aber diese Umwelten hatten keinen Kühlschrank und keinen Supermarkt und erst recht keinen Bäcker. Mit proteinreichen Diäten sinkt nach drei Wochen der Serotoninspiegel im Gehirn stark ab und so wächst die Gier nach Kohlenhydraten, was ursprünglich so gemeint war, dass man Flechten oder Samen suchen gehen sollte. In einer Umwelt, in der man nur zum Bäcker rennen muss, kann die Gier unwiderstehlich werden. Ich habe in meiner Praxis viele Frauen gesehen, die mit einer proteinreichen Diät ihre dann jahrzehntelange Essstörung begannen.

Trinken

Mindestens ebenso sehr wie falsches Essen ruft **Wassermangel** im Körper (Dehydrierung) einen Serotoninmangel hervor und fördert Heißhungerattacken. Einige meiner Kollegen behaupten sogar: „Wenn ich es nur schaffe, einen Klienten zu motivieren, drei Liter Wasser am Tag zu trinken, geschieht schon ein psychisches Wunder." Denn: Dehydrierung verursacht im Gehirn einen schweren **Tryptophanmangel** – und Tryptophan ist bekanntlich der Ausgangsstoff, aus dem Serotonin und andere Botenstoffe, beispielsweise Melantonin, hergestellt werden. Ohne ausreichende Wasserzufuhr ist eine Stabilisierung des Serotoninspiegels nicht möglich. Herrscht im Körper Wassermangel, wird, ausgelöst durch spezifische Regulationsprozesse in der Leber, vermehrt Tryptophan abgebaut, das folglich im Gehirn fehlt. Überdies beeinflusst der Wasserhaushalt, ob und wie reibungslos Tryptophan durch die Blut-Hirn-Schranke ins Gehirn gelangt. Chronische Dehydrierung führt dazu, dass Tryptophan schließlich gänzlich aus dem körpereigenen Vorrat an verschiedenen Aminosäuren verloren geht. Das heißt, die Tryptophanreserven des Gehirns können nur mittels ausreichender Wasseraufnahme, adäquaten sportlichen Trainings und richtiger Nahrungsmittelauswahl aufrechterhalten werden.

Wassermangel fördert Heißhungerattacken.

Nahrungsergänzungsmittel

Eines der wichtigsten Nahrungsergänzungsmittel für den zuckersüchtigen Menschen ist **Chrom**. Chrom reguliert zusammen mit Niacin den Blutzuckerspiegel und trägt zu einem dichten Netz an Rezeptoren auf der Zelloberfläche bei. Wenn es fehlt, kommt es zu Heißhungeranfällen und Insulinresistenz, weil der Blutzuckerspiegel nicht mehr reguliert werden kann. Ein niedriger Blutzuckerspiegel kann natürlich auch andere Ursachen haben als Chrommangel, wie z.B. eine kranke Bauchspeicheldrüse oder eine falsche Ernährung. Aber ohne Chrom geht in puncto Blutzuckerspiegel nichts.

Ein 60-Millionstel Gramm (!) Chrom pro Tag in der Nahrungsaufnahme wird von Stoffwechselexperten gerade noch als ausreichend angesehen. Die Deutsche Gesellschaft für Ernährung (DGE) empfiehlt eine Zufuhr von 50 µg/Tag als zeitweilige Nahrungsergänzung. Wer jedoch unter akuten Heißhungerattacken leidet und entsprechend viele Süßigkeiten verzehrt, muss wissen, dass durch den hohen Konsum von Zucker sehr viel mehr Chrom verbraucht wird, als „normal" oder von der Natur vorgesehen. Das Gleiche gilt, wenn untrainierte Menschen beginnen, Sport zu treiben – dann wird ebenfalls sehr viel Chrom verbraucht, was dazu führen kann, dass man sich plötzlich zu schlapp fühlt, um weiterzutrainieren – ein unerwünschter Effekt, der durchaus vermieden werden kann. Auch Stress und Infektionskrankheiten fördern einen erhöhten Chromverbrauch bzw. eine erhöhte Chromausscheidung.

Chrom ist in Bierhefe, **Vollkornprodukten**, in Samen, Kernen, **Naturreis**, Rosinen, schwarzem Pfeffer, **Pilzen**, Artischocken, Spargel, Pflaumen, **Fleisch**, **Nüssen** enthalten. Wer sich den obigen Vorschlägen entsprechend ernährt, kann also genügend Chrom mit der Nahrung zu sich nehmen. Dennoch sollte während der Zeit der Ernährungsumstellung auf jeden Fall Chrom als Nahrungsergänzungsmittel zu sich genommen werden, weil eine genügend hohe Chromzufuhr nicht gewährleistet ist, solange jemand zu viele Süßigkeiten zu sich nimmt. Günstig ist am Anfang eine Chromzufuhr von 50 – 100 µg am Tag.

Was die restlichen Vitamine und Spurenelemente angeht, gilt: Im Rahmen einer gesunden Ernährung genügt ein handelsübliches Ergänzungspräparat (z.B. bei www.viabiona.com). Dies gilt ganz besonders für **Vitamin C** und **Niacin** (Vitamin B3). Wer sich nicht sicher ist, ob er regelmäßig alle diese Vitamine, Mineralstoffe und Spurenelemente über die tägliche Nahrung aufnehmen kann, sollte zu guten Nahrungsergänzungsmitteln greifen. Um zu gewährleisten, dass dem Körper genügend Niacin zugeführt wird, sollte man, solange man unter Heißhungerattacken leidet, auf jeden Fall ein Präparat mit einem Vitamin-B-Komplex einnehmen. Über geeignete Produkte lassen Sie sich am besten in der **Apotheke** ausführlich beraten.

Ungünstige Lebensmittel für beide Typen

BROT UND KNABBERKRAM	Baguette, Laugengebäck, Biskuitkuchen, Cornflakes, Croissant, Graham-Cracker, Hamburger, Kartoffelchips, Knäckebrot, Knuspermüsli, Cracker, Kuchen, Tortilla-Chips, Pita-Brot, Popcorn, Puffweizen, Roggencrisps, sogenannte Vollkornbrötchen, die innen weiß oder mit Malzsirup gefärbt sind, Waffeln, Weißbrot, Brötchen, Pizza etc. Alle Panaden/jede Panier, also um Schnitzel, Hühnchen etc.
REIS	Parboild- und Puffreis, weißer Reis, Reis-Crispies, Reiskuchen, Reiswaffeln
STÄRKEHALTIGE GEMÜSESORTEN	Auberginen, Kichererbsen, Kürbis, Mais, Pastinaken, Rüben, Schwarzwurzeln, Süßkartoffeln, Wurzelgemüse, Yamswurzel, Zuckerrüben
OBST	Apfelmus, Bananen, Datteln, Feigen, Honigmelone, Kochbananen, Netzmelonen, Rosinen
GETRÄNKE	Alle Fruchtsäfte, ob nun 100% biologisch oder etwas von der Sorte „Etwas-Frucht-plus-Zuckerwasser"! Fruchtsäfte werden sehr schnell verstoffwechselt, sind sehr süß (Fructose) und können Ihrer Bauchspeicheldrüse schon zum Frühstück einen solchen Schlag versetzen, dass Sie sich für den Rest des Tages dizzy und müde fühlen! Kaffee, Tee (auch grüner Tee), Cola, Limonaden, Alkohol, ganz besonders: Energy-Drinks 

ÄUSSERST ZUCKERHALTIGE UND DAHER UNGÜNSTIGE LEBENSMITTEL	Ahornsirup, Apfeldicksaft, Birchermüsli, Birnendicksaft, Bonbons, Eiscreme, Fruchtgummi, Honig, Joghurt mit Süßstoff oder süßen Früchten, Ketchup, Limonade, Marmelade, Marzipan, Nutella, Schokolade usw. Ahornsirup, Apfel- und Birnendicksaft gelten häufig als gesunde Alternative zum Zucker. Tatsächlich sind sie gesünder, aber die Bauchspeicheldrüse reizen sie trotzdem. Für Ihren Blutzuckerspiegel sind sie genauso schlimm wie Zucker! Überdies konditionieren sie immer wieder auf den Geschmack von Süß.
MILCHPRODUKTE	Diese Milchprodukte enthalten sehr viel Zucker (Lactose, Milchzucker) und sind daher eher wie Kohlenhydrate zu bewerten: Milch, Buttermilch, Camembert, Brie, Crème fraîche, Dickmilch, Doppelrahmkäse, Frischkäse, Kondensmilch, Schlagsahne, Schmelzkäse Alle Joghurtsorten, die mit Früchten und Süßstoff versetzt sind, sind genauso gut wie Schokoriegel oder Schokoladentafeln! Machen Sie auch um alles einen weiten Bogen, was als „Fittnessdrinks fürs schnelle Frühstück" verkauft wird, oder lesen Sie mindestens die Etiketten sehr gründlich! Meiden Sie alles, was als „fettarm" deklariert wird. In aller Regel, besonders bei Milchprodukten, fügen die Produzenten mehr Süßstoff hinzu, damit es überhaupt schmeckt!
FERTIGSUPPEN UND -SAUCEN	Alle fertigen Saucen und Suppen enthalten in der Regel viel Zucker. Spitzenreiter ist Ketchup! Lesen Sie die Etiketten.
FETTE	Meiden Sie möglichst alle Fette, die zu viele Omega-6-Fettsäuren oder gesättigte Fettsäuren enthalten wie Maisöl, Färberdistelöl, Sonnenblumenöl, Erdnussöl, Schweineschmalz, Bratenfett, Margarine, Butter (höchstens zum Kochen und dann nur sehr wenig), Palmöl, Kokosöl.
FLEISCH	Schweine- und Rinderfleisch

Günstige Lebensmittel für beide Typen

BROT	Pumpernickel, Roggenbrot mit Natursauerteig, Roggenbrötchen mit Natursauerteig, Schrotbrot
GETREIDE	Amaranth, Buchweizen, Dinkel, Gerste, Hirse, Quinoa, Roggen, Hafer, selten: Weizen.
REIS	Brauner Reis, Vollkornreis, Wildreis, Basmati-Reis
TEIGWAREN	Pasta aus Hartweizen, Vollkornnudeln
MILCHPRODUKTE	Günstige Milchprodukte sind Edamer, Emmentaler, Feta, Gorgonzola, Gouda, Hartkäse, Limburger, Mozzarella, Parmesan, Quark, Romadur, Roquefort, Schafskäse, Tilsiter, Ziegenfrischkäse, Ziegenkäse. In Maßen: Joghurt natur, Hüttenkäse
SOJA-PRODUKTE	Soja, Sojamilch, Sojabohnen, Miso, Soja-Sauce, Tofu und Tempeh
FLEISCH	Kalb, Kaninchen, Hase, Lamm, Reh/Hirsch, Wildschwein
GEFLÜGEL	Ente, Fasan, Gans, Huhn, Pute, Rebhuhn, Wachtel
EIER	Wenn die Hühner biologisch vollwertig ernährt wurden. Die Legende, dass Eier den Cholesterinspiegel erhöhen, ist widerlegt!

FISCH/ MEERESFRÜCHTE	Aal, Austern, Blaufisch, Dorade, Engelfisch, Flunder, Forelle, Goldmakrele, Hecht, Heilbutt, Hering, Hummer, Kabeljau, Kammmuscheln, Krabben, Lachs, Makrele, Muscheln, Sardinen, Schellfisch, Thunfisch, Tintenfisch, Wolfsbarsch, Zackenbarsch Fisch ist generell günstig, da er reich an Omega-3-Fettsäuren ist. Dies gilt auch für fetten Fisch. Fetter Fisch macht nur dann dick, wenn man ihn in allzu großen Mengen isst. Natürlich nimmt man zu, wenn man jeden Tag nur Aal und Makrele futtert, aber in aller Regel steigern die Fette des Fisches den Stoffwechsel und helfen eher beim Abnehmen. Also: Keine Angst vor fettem Fisch.
ÖL UND FETT	Günstige Öle: Hanfsamenöl, Leinöl, Rapsöl, Walnussöl Diese Öle sind jedoch nicht besonders geeignet zum Kochen, denn mehrfach ungesättigte Fettsäuren degenerieren unter dem Einfluss von Hitze und fördern dadurch die Bildung freier Radikale. Zum Kochen geeignet und empfehlenswert sind einfach ungesättigte Fettsäuren wie Olivenöl, aber auch gesättigte Fette wie Butter (diese allerdings nur in geringen Mengen!).

NÜSSE UND SAMEN	Alle verfügbaren Nüsse und Samen, z.B. Leinsamen, Pinienkerne, Walnüsse, Haselnüsse, Erdnüsse, Sonnenblumenkerne
HÜLSENFRÜCHTE	Butterbohnen, grüne Bohnen (Fisolen), Kidneybohnen, Pintobohnen, schwarze Bohnen, Sojabohnen, Wachsbohnen, Wachtelbohnen, weiße Bohnen
OBST	Äpfel, Aprikosen, Birnen, Erdbeeren, Heidelbeeren, Himbeeren, Holunderbeeren, Kirschen, Pfirsiche, Pflaumen, Sanddorn. Zitrusfrüchte in Maßen.
GETRÄNKE	Gemüsesaft, Mineralwasser, alle ungesüßten Frucht- und Kräutertees. Es sollten mindestens 3 Liter am Tag getrunken werden! Wobei man auf Folgendes achten sollte: Gemüsesäfte sind oft mit Salz und Honig angereichert und daher sollten nur wirklich naturbelassene Produkte verzehrt werden.
GEWÜRZE UND GEWÜRZKRÄUTER	Apfelessig, Essig, Fleisch- und Gemüsebrühe, Ingwer, Kardamon, Koriandersamen, Kreuzkümmel, Kümmel, Kurkuma, Muskatnuss, Nelken, Oregano, Paprikagewürz, Pfeffer, Piment, Safran, Senf, Wacholderbeeren, Zimt, Zitronengras Basilikum, Dill, Estragon, Kerbel, Koriander, Majoran, Minze, Petersilie, Pimpinelle, Rosmarin, Salbei, Schnittlauch, Thymian, Zitronenmelisse 

Unterschiede in der Ernährung von handlungssuchenden und ruhesuchenden Menschen

Um aus der Zuckersucht aussteigen zu können, ist sowohl beim Handlungssuchenden als auch beim Ruhesuchenden eine **Normalisierung des Cortisolspiegels** und ein **Anheben des Serotoninspiegels** notwendig. Ein Punkt ist dabei die Ernährung, weitere Tipps finden Sie im 10-Wochen-Programm (samt Test).

Die Typologien „Handlungssuchende" und „Ruhesuchende" sind allerdings nur Tendenzen. Manche Menschen haben Phasen, wo sie mehr dem einen Typ gleichen als dem anderen, das kann sich im Laufe des Lebens auch ändern. Die meisten Ratschläge in diesem Buch gelten für beide Typen. Ansonsten hören Sie auf Ihren Körper: Er wird Ihnen melden, ob ihre Tendenz eher handlungsorientiert oder ruhesuchend ist.

Die Ernährung für den Handlungsuchenden

Der handlungssuchende Mensch ist in der Regel ein sogenannter **schneller Verbrenner** von Kohlenhydraten. Ein Problem des „schnellen Verbrenners" ist, dass Kohlenhydrate von seinem Stoffwechsel sehr rasch in Energie umgesetzt werden. Betroffene reagieren wegen der höheren Cortisol-Ausschüttung auf den Verzehr von Kohlenhydraten mit einem **rasanten Blutzuckeranstieg**, aber auch mit einer **höheren Insulinausschüttung** als ruhesuchende Personen.

Fragt man einen Handlungssuchenden, was er als Kind am liebsten gegessen hat, erhält man als Antwort häufig: **„Teig"** – Kuchenteig und Brot. Es gibt Kinder, die sich Kuchenteig machen, ohne den Kuchen dann zu backen, einfach nur, um den rohen Teig zu essen. Es gibt Kinder, die ausschließlich Nudeln essen. Und tatsächlich werden bei Heißhungerattacken eigentlich stets Nudeln und andere besonders stärkehaltige oder zuckrige Nahrungsmittel verzehrt. Das Problem ist demnach, dass dieser Typ den Serotoninspiegel stabil halten muss, aber die dafür benötigten stärkehaltigen Kohlenhydrate nicht nach Belieben zu sich nehmen darf. Das heißt, er muss Kohlenhydrate essen, aber die richtigen, um kein Blutzuckerungleichgewicht zu provozieren, das den Serotoninspiegel wieder senken würde. Gleichzeitig darf er **nicht zu viele Proteine** pro Mahlzeit essen, denn das würde möglicherweise den Dopaminspiegel sehr stark steigern und die Dysbalance in seiner Gehirnchemie zu seinen Ungunsten verändern.

Die Lösung ist eine **ausgewogene Mischung aus Fett, Eiweiß und Kohlenhydraten** bei jeder Mahlzeit – und zwar eine Mischung aus den **richtigen** Fetten, Eiweiß und den **richtigen** Kohlenhydraten. Dabei sollte mehr Eiweiß und Fett als Kohlenhydrate konsumiert werden, denn der Handlungssuchende hat einen **höheren Bedarf an Fett und Eiweiß**. Wird zu jeder Mahlzeit der richtige Mix gewählt, bleiben folglich sowohl der Blutzuckerspiegel als auch der Serotoninaufbau stabil. Zusammengefasst: **Vor allem die Hauptmahlzeiten des Handlungssuchenden sollten immer etwas stärkearmes Gemüse, Fett, Eiweiß und stärkehaltige Produkte enthalten.** Doch sollte der Betroffene nicht versuchen, stärkehaltige Kohlenhydrate komplett wegzulassen, weil der Serotoninspiegel, der ohnehin zu niedrig ist, dann noch weiter absinken wüde. Eine Ernährung, die überwiegend aus proteinreichen Mahlzeiten besteht, sei es Quark, Fleisch, Bohnen (die zwar gesund sind und deshalb empfehlenswert, die aber auch den Noradrenalin-/Dopaminspiegel steigern), Käse oder Eier, trägt zur Überstimulation bei. Das bedeutet: Protein in Maßen (!) ist gut, aber **Protein in Massen** ist nicht gut.

Gerade handlungssuchende Frauen, die ihren Selbstwert an einer schlanken Figur und dem damit verbundenen Status messen, machen häufig – in Anlehnung an offizielle Ernährungsvorschriften – eine Diät, die ihre Probleme noch verschlimmert: Salat, möglichst gar kein Fett und nur etwas Eiweiß, aber viel, viel „gesundes" Vollkornbrot. Vollkornbrot ist ohne Zweifel gesund, doch nicht in großen Mengen und nicht für jeden. Der Versuch, sich nur von Salat zu ernähren, führt somit garantiert in die nächste Heißhungerattacke nach Kohlenhydraten. Ein solcher Versuch muss scheitern, denn das Gehirn will und braucht seine Botenstoffe – und wenn man sie ihm nicht gibt, dann erzwingt es sie. Man kann nur mit seinen Botenstoffen essen, aber nicht gegen sie.

Die Ernährung für den Ruhesuchenden

Der ruhesuchende Typ ist der **„langsame Verbrenner"** von Kohlenhydraten. Und gerade hierin liegt seine Gefährdung. Aufgrund seiner nicht so gut funktionierenden Nebennierenrinde nimmt der Betroffene immer unbewusst an, dass er Energie braucht, um die Aufgaben, die ihn herausfordern, bewältigen zu können. Während der Handlungssuchende, der sich nach Kohlenhydraten sehnt, stets das Gefühl hat, genug bis zu viel Energie zu haben, meint der Ruhesuchende, er sei irgendwie zu schwach und schlapp – und folgert: „Ich muss eben etwas essen." Sehr häufig wählt er jedoch unbewusst die falschen Lebensmittel.

Da sowohl der Dopamin- als auch der Serotoninspiegel zu niedrig sind, verlangt der ruhesuchende Mensch nach Zucker, um den Mangel an Serotonin auszugleichen, und sucht Fett und Eiweiß für die Energie und den Aufbau von Dopamin. In sämtlichen verfeinerten Lebensmitteln, die schnell Energie geben, sind die nährstoffreichen Anteile hingegen abgetrennt. Insofern verschlimmert sich also das Problem des Ruhesuchenden, wenn er den ganzen Tag, um seinen Mangel an Energie auszugleichen, „vor sich hinnascht" und dabei Brötchen und Süßigkeiten knabbert.

Der ruhesuchende Typ, der tendenziell weniger zum Unterzucker neigt als der handlungssuchende, hat einen eher gleichmäßigen Energielevel, sprich eine **gleichmäßig niedrige Energie**, weshalb er gerne regelmäßig isst ... und regelmäßig ein bisschen zu viel. Da diese Menschen Energie relativ langsam verbrennen, kommen sie auch mit wenig Essen relativ lange aus. Häufig und fälschlicherweise trinken sie am Tag eine Tasse Kaffee nach der anderen, um trotz ihres Energiemangels wach zu bleiben und durchzuhalten. Das destabilisiert ihren Blutzucker ganz besonders.

Der Ruhesuchende sollte in einem **sehr ausgewogenen Maße Kohlenhydrate und Eiweiß** essen, denn er muss schließlich sowohl Serotonin als auch Dopamin aufbauen. Wenn er zuviel Eiweiß isst, baut er zuviel Dopamin auf, was zur Gier auf Süßigkeiten führt, weil dann der Serotoninspiegel sinkt, wenn er zuviel Kohlenhydrate isst, hat er zuviel Serotonin im Verhältnis zu Dopamin aufgebaut, was zu einem vermehrten Bedarf an Steak, Eiern, Tofu, Würstchen etc. führt. Er sollte zu jeder Mahlzeit etwas **Protein** essen, um zu garantieren, dass er über genügend davon zum Aufbau von Serotonin (Tryptophan) und Dopamin (Tyrosin) verfügt, also etwas **Fisch**, etwas **Käse**, aber der Proteinanteil kann wesentlich geringer sein als der des Handlungssuchenden.

Obwohl er Stärke insgesamt besser verträgt als der Handlungssuchende, ist es auch für ihn wesentlich günstiger, allzu viele stärkehaltige Kohlenhydrate zu meiden. Aufgrund seiner Stoffwechselkonstitution ist der Ruhesuchende tatsächlich der „Low-Fat-Typ", weshalb er mit Fett und Öl sehr viel vorsichtiger umgehen sollte. Langfristig ist eine **fettarme Ernährung aus Gemüse und Vollkornprodukten** hilfreicher für ihn, er hat dann auch sehr viel mehr Energie zur Verfügung. Höchstens ein Viertel seiner täglichen Kalorien sollte aus Fetten und Ölen stammen. **Der Ruhesuchende braucht Eiweiß, Fett und Kohlenhydrate in einem ausgewogenen Verhältnis.**

Der Ruhesuchende sollte mit Ölen und Fetten sehr vorsichtig umgehen.

In 10 Wochen aus der Zuckersucht aussteigen

WELCHER TYP BIN ICH?

Um diese Frage zu beantworten, orientieren Sie sich am besten an der Beschreibung im Text. Wenn Sie sich aber nicht „richtig" zuordnen können, verdeutlichen Sie sich bitte Folgendes: Wenn die Nebenniere lange Zeit überbeansprucht wurde, vermindert sie irgendwann die Ausschüttung von **Cortisol**. Aus jemandem mit handlungsorientierten Tendenzen wird dann eher ein ruhesuchender Typ. Diesen Vorgang nennt man auch **Burnout-Syndrom**. Nach langen Stressphasen kann es zu diesem Vorgang kommen. Hochaktive Menschen sitzen dann plötzlich auf der Couch und haben nicht mehr die Energie, irgendetwas zu unternehmen. Das ist z.B. nach langen und intensiven Arbeitsphasen im Rahmen eines Projektes so. Der Cortisolspiegel war lange Zeit hoch, der Dopaminspiegel war hoch und der Serotoninspiegel etwas niedriger. Wenn plötzlich das Projekt erledigt ist, fällt die pausenlose Stimulierung weg und der gestresste Manager wird im Urlaub gleich einmal krank.

Psychotherapeuten haben ein ganz ähnliches Phänomen beobachtet: Menschen, die einen langen, schwelenden Konflikt zu ihrer Befriedigung gelöst haben, wirken eine Zeit lang nach der Lösung keinesfalls euphorisch, sondern eher schlapp und energielos. Das ist kein Anzeichen dafür, dass die Lösung unangemessen war, sondern dass der Konflikt für einen dauerhaft hohen Cortisolspiegel gesorgt hat und jetzt – nach der Lösung – der Cortisolspiegel niedriger geworden ist. Der Handlungssuchende verwandelt sich daher eine Zeit lang in einen Ruhesuchenden.

Jemand, der dauerhaft einen zu niedrigen Cortisolspiegel hat, hat gelernt, seine **Gefühle** zu unterdrükken. Entsprechend seines niedrigen Cortisolspiegels hat er lange Zeit eine andere Rolle in der Welt eingenommen als der Handlungssuchende. Wenn ein solcher Mensch mehr Stimulierung sucht und mehr Emotionen zulässt, steigt mit der Zeit der Cortisolspiegel und besonders der Dopamin-Spiegel. Dann hat er mehr Möglichkeiten auf die Welt zu reagieren. Es gibt so etwas wie langfristig ausgeprägte Tendenzen – einige Menschen haben wahrscheinlich eine stärker funktionierende Nebennierenrinde als andere, zusätzlich zu bestimmten Erfahrungen, die sie machen. Aber vieles ist keinesfalls angeboren und fix, vieles kann man ändern. Hier gibt es dazu einige Anregungen.

Und es gibt viele Mischtypen, die sich nicht völlig in die eine oder andere Schablone pressen lassen. Wenn Sie sich nicht völlig einordnen können, macht das nichts. Die allermeisten Tipps sind **für beide Kategorien** geeignet. Die Rubriken „Entspannung lernen“ und „Aktivierungsübungen“ haben das Ziel, das wieder einzuüben, was von der jeweiligen Persönlichkeit häufig vermieden wird. Der Ruhesuchende ist eher introvertiert und muss lernen, mehr nach außen zu gehen, dem extrovertierten Handlungssuchenden ist häufig die Innenschau ein Gräuel, aber sie ist genau das, was ihn gesund macht. Wenn Sie nicht wissen, was genau Ihres ist, probieren Sie es einfach aus. Wenn Sie der Ruhesuchende sind, werden Ihnen die **Entspannungsübungen** des Handlungssuchenden sehr leicht vorkommen – und das ist ein Warnhinweis. Dann ist es Zeit, genau die anderen Übungen zu machen. Wenn Sie der Handlungssuchende sind, ist es einfacher für Sie, die **Aktivierungsübungen** zu machen, dann ist es höchste Zeit, genau das Gegenteil zu lernen, nämlich Innenschau und Kontemplation. Alle sonstigen Tipps richten sich immer an beide Typen gemeinsam.

Auch bei Ihrer Ernährung richten Sie sich nach dem, was Ihnen ihr Körper signalisiert. Wenn Sie starke **Heißhungerattacken** haben, essen Sie so, wie für den Handlungssuchenden vorgeschlagen, also mehr Eiweiß plus Fett als Kohlenhydrate pro Mahlzeit. Wenn Sie sich aber häufig energielos und schlapp fühlen, nachdem Sie Eiweiß und Fett gegessen haben, reduzieren Sie die Menge, bis Sie anteilig ein ausgewogenes Verhältnis gefunden haben, bei dem Sie sich wohlfühlen. In diesem Sinne können Sie den **Test** auf der nächsten Seite machen. Aber wie gesagt, wenn Sie sich nicht sicher sind oder bei beiden gleich viele Antworten haben, dann richten Sie sich nach Ihrer Intuition und Ihrem Körper.

TEST

Dieser Test soll Ihnen helfen festzustellen, ob Sie der handlungssuchende oder der ruhesuchende Typ sind – falls Sie es nicht schon beim Lesen erkannt haben.

Bitte beantworten Sie die folgenden Fragen, indem Sie entweder »Ja« oder »Nein« ankreuzen.

Teil 1

1. Bevorzugen Sie Aktivitäten, die eine aktive Mitarbeit erfordern? ❑ Ja ❑ Nein
2. Reagieren Sie typischerweise mit verstärkter Anstrengung zur Bewältigung von Situationen, wenn Sie gestresst oder depressiv sind? ❑ Ja ❑ Nein
3. Gefällt es Ihnen, sich in großen Gruppen aufzuhalten? ❑ Ja ❑ Nein
4. Hatten Sie schon einmal das Gefühl, in einem Job nicht angemessen gefördert worden zu sein, weil es ein bestimmtes Ereignis gab oder weil Sie sich für eine bestimmte Aktion engagiert hatten? ❑ Ja ❑ Nein
5. Sehen Sie gerne Videos an, in denen auch Gewaltszenen vorkommen? ❑ Ja ❑ Nein
6. Spielen Sie gerne um Geld? ❑ Ja ❑ Nein
7. Leiden Sie unter Heißhungerattacken auf Kohlenhydrate/Süßes? ❑ Ja ❑ Nein
8. Fühlen Sie sich gut, wenn Sie Drogen oder Substanzen genommen haben, die den Energielevel steigern (z. B. Kokain, Zigaretten, Kaffee)? ❑ Ja ❑ Nein
9. Fühlen Sie sich gut, wenn Sie sich in konkurrierenden oder riskanten Sportarten engagieren, z. B. Autorennen, Extrembergsteigen, Drachenfliegen, Wettlauf? ❑ Ja ❑ Nein
10. Wenn Sie gestresst sind, beruhigen Sie dann Aktivitäten, die sehr viel Energie erfordern? ❑ Ja ❑ Nein
11. Sind Sie in einer Führungsrolle? ❑ Ja ❑ Nein
12. Gibt es in Ihrer Familie Erkrankungen wie Alkoholismus oder Depressionen? ❑ Ja ❑ Nein
13. Finden Sie es schwierig, alleine zu sein? ❑ Ja ❑ Nein

Teil 2

1.	Mögen Sie es, Teil einer kleinen, privaten Gruppe zu sein, wo man ein Gefühl von Intimität und Wärme entwickelt?	❑ Ja	❑ Nein
2.	Sind Sie eher ruhig und passiv?	❑ Ja	❑ Nein
3.	Können Sie gut alleine sein und verbringen viel Freizeit alleine?	❑ Ja	❑ Nein
4.	Essen Sie normalerweise weiter, auch dann, wenn sie sich satt fühlen oder wissen, dass Sie genug gegessen haben?	❑ Ja	❑ Nein
5.	Tendieren Sie dazu zu essen, wenn sie depressiv, ängstlich oder ärgerlich sind?	❑ Ja	❑ Nein
6.	Bevorzugen Sie dann süße oder salzige Nahrungsmittel?	❑ Ja	❑ Nein
7.	Benutzen Sie Alkohol oder Drogen (z. B. Marihuana), um sich zu entspannen?	❑ Ja	❑ Nein
8.	Benutzen Sie entspannende Aktivitäten, wie Schlafen, Baden, Lesen, um Angst zu reduzieren?	❑ Ja	❑ Nein
9.	Suchen Sie nach Wegen, um einem Konflikt zu entgehen?	❑ Ja	❑ Nein
10.	Sehen Sie im Durchschnitt mehr als 15 Stunden fern in der Woche?	❑ Ja	❑ Nein
11.	Fühlen Sie sich häufig niedergedrückt oder haben Schwierigkeiten, Freude zu empfinden?	❑ Ja	❑ Nein
12.	Wenn Sie depressiv sind und beruhigende Aktivitäten wählen, steigert das Ihre Energie?	❑ Ja	❑ Nein
13.	Sind Sie Teilnehmer einer Gruppe, die strenge Verhaltensregeln hat (ethische, religiöse, politische)?	❑ Ja	❑ Nein

Auswertung:

Teil 1: Anzahl der Antworten mit »Ja« ☐ **Teil 2:** Anzahl der Antworten mit »Ja« ☐

Wenn Sie mehr Ja-Antworten in Teil 1 gegeben haben, sind Sie eher ein handlungssuchender Typ, wenn Sie mehr Fragen mit »Ja« in Teil 2 beantworteten, sind Sie eher ein Ruhesuchender.

1. Woche: Adieu, Kaffee

Tipp für beide Ernährungstypen: Kaffee aufgeben

Warum? Kaffee ist ein chemischer **Stressor**, der für eine ständige Cortisol-Ausschüttung in der Nebennierenrinde sorgt. Wenn etwas den Blutzuckerspiegel **instabil** hält, dann Kaffee. Um das Ganze zu toppen, kann man Caffee Latte trinken, mit Zucker. Dann stimulieren das Koffein (die Nebennierenrinde), der Zucker in der Milch und der Zucker im Kaffee. Der Blutzuckerspiegel schießt hoch, fällt wieder ab und dann brauchen Sie einen Muffin oder einen Kuchen. Auch die Kombination aus Koffein, **Taurin** und Zucker, die in Blechbüchsen verkauft wird und angeblich Flügel verleiht, macht süchtig. Das Zeug gehört wirklich in den Ausguss, denn es ruiniert Sie umgehend! Kurzzeitig fühlen Sie sich wirklich etwas besser, aber nach 90 Minuten kann es zu Heißhungerattacken kommen. Klar, Sie haben für 20 Minuten mehr Energie. Aber dann brauchen Sie auch bald die nächste Büchse. Oder vielleicht einen Kaffee mit Kuchen? Oder einen Schokoriegel? Ihr Blutzuckerspiegel spielt verrückt und die Fllüüügel werden dann auch schnell schlapp. Das gilt für alle Blechbüchsen, die die Kombination aus Koffein und Zucker enthalten, egal wie sie heißen.

Der Handlungssuchende muss den Kaffee noch dringender aufgeben als der Ruhesuchende, aber auch für diesen ist es sehr nützlich. Denn häufig lebt er mit einer belasteten, nicht gut funktionierenden Nebennierenrinde. Und diese wird durch Kaffee noch mehr belastet, was sein Problem verschlimmert.

Nehmen Sie sich für die Umstellung Zeit und trinken Sie viel Mineralwasser

Koffeinentzug ist – wir wollen Ihnen hier nichts vormachen – kein Spaß. Aber das Ergebnis lohnt sich, man fühlt sich sehr viel besser und gesünder. Es ist eine Legende, dass man Kaffee braucht, um wach zu werden. Nach einigen Tagen ist man morgens auch ohne Kaffee wach, wenn das Gehirn sich umgestellt hat. Aber erst mal ist es wie eine nette kleine Grippe. Nehmen Sie sich unbedingt ein freies **Wochenende** lang Zeit. Ob der Entzug eventuell einen Tag länger dauert, ist natürlich abhängig von der individuellen Konstitution und der Menge, die Sie vorher konsumiert haben. Wenn Sie mehr als drei Tassen getrunken haben, planen Sie ein Wochenende mit sehr, sehr vielen Pausen ein. Setzen Sie am Freitagabend jegliches Koffein ab. Lassen Sie nicht nur Kaffee weg, sondern alle **Energy-Drinks**, **Cola** und **Diät-Cola**. Keinen schwarzen **Tee**, keinen grünen Tee. Denn Tein hat auf die Nebenniere die gleiche chemische Wirkung wie Koffein.

Kaufen Sie sich einen **Früchtetee**, den Sie gerne mögen, und kochen Sie sich eine große Kanne. Es geht auch mit koffeinfreiem Getreidekaffee (Caro-Kaffee) oder dem sogenannten **Teeccino**. Das ist ein Produkt, das aus Früchten, Körnern, Kräutern und Nüssen hergestellt wird und in verschiedenen Geschmacksrichtungen zu haben ist. (Sie finden dieses Produkt unter www.teeccino.com.) Teeccino brüht man auf wie Kaffee und hat nicht eine Sekunde lang das Gefühl, etwas zu vermissen, wenn man zum Frühstück Teeccino statt Kaffee trinkt – es enthält nur weder Koffein noch Tein. Es gibt auch zahlreiche gute Fitness-Tees und wohlschmeckende Teemischungen ohne Tein. Und trinken Sie viel **Mineralwasser**.

Nehmen Sie, wenn möglich, ein Vollbad mit **basischen Mineralien**. Entsprechende Produkte kann Ihnen jede Apotheke und jedes Reformhaus anbieten. Denn Kaffeekonsum führt dazu, dass im Körper Säuren gebildet werden. Mit Hilfe basischer Bäder und **Natriumbikarbonat** (Handelsname: Bullrichsalz) können diese Säuren neutralisiert und ausgeschieden werden. Dies stellt für den Körper eine enorme Entlastung dar, eine notwendige, hilfreiche Entgiftung. Bullrichsalz gibt es auch in sehr preiswerter Tablettenform, was sich erheblich leichter schlucken lässt.

Wenn Sie **Heißhunger auf Süßes** bekommen, können Sie ein bis zwei Teelöffel **Glutamin** (Achtung: nicht Glutaminsäure) in ein Glas Wasser einrühren. Glutamin ist eine **Aminosäure**, die im Gehirn beruhigend wirkt. Glutamin mildert zudem die Gier auf Zucker fast sofort, da es im Gehirn als Ersatz für Zucker verwendet werden kann. Zusätzlich sollten Sie ein Gesamtpräparat mit allen Vitaminen und Spurenelementen nehmen.

TIPPS, UM DEN ZUCKER AUFZUGEBEN:

(Wenn Ihnen die Umsetzung von nur zwei Tipps gelingt, reduzieren Sie Ihren Zuckerkonsum ganz automatisch.)

1. Fügen Sie nirgends mehr **Zucker** hinzu, auch keinen Honig, auch keinen Rohrzucker. Auch keinen Ahornsirup oder Beerendicksaft. Auch kein Stevia (Süßpflanze). Es geht darum, sich langsam an ein neues Geschmackserlebnis zu gewöhnen. Keine Süße, nicht auf Müsli, nicht auf Pudding, nicht auf Pfannkuchen. Keine Schokosauce auf Eis, keine Erdbeeren mit Zucker.

2. Meiden Sie ab dieser Woche **Ketchup** und alle fertigen Saucen.

3. Lesen Sie ab heute **Etiketten** und kaufen Sie nichts mehr ein, was Zucker enthält. Gemeint sind alle Zucker, Dextrose, Fructose, Rohrzucker, Honig, Süßstoff, Puderzucker etc. (Siehe dazu auch S. 53)

Serotoninspiegel stabilisieren

Den Serotoninspiegel heben Licht, Sport, Ernährung, die Fähigkeit zu gesunden Bindungen, ein geeignetes Stressmanagement und ein hoher Status.

Erst ab **2500 Lux** wird im Gehirn mehr Serotonin gebildet. Das Licht einer gewöhnlichen Lampe enthält etwa 300 Lux. Selbst bei Tageslicht ist es in Räumen zu dunkel, um genügend Serotonin zu produzieren. Wir stammen evolutionär gesehen noch aus einer Zeit, als der Mensch den ganzen Tag an der Sonne war und nach Nahrung suchen musste. Das ist auch der Grund für das Bedürfnis, den Sommer am Strand zu verbringen: Sonne stimuliert die Serotoninproduktion und somit das Wohlbefinden. Daher kann man den Serotoninspiegel auch mit **Spaziergängen** an der frischen Luft stabilisieren. Planen Sie die Zeit ein – am allerbesten morgens. Gehen Sie ans Licht, wann immer Sie können. Es gibt genügend Untersuchungen, die belegen, dass eine halbe Stunde Sport an der frischen Luft am Tag antidepressiv wirkt.

DER HANDLUNGSSUCHENDE: ENTSPANNUNG LERNEN

Der Cortisolspiegel wird durch **regelmäßige Ruhepausen** gesenkt. Kaufen Sie sich eine entsprechende CD und beginnen Sie, Autogenes Training oder ein anderes **Entspannungsverfahren** zu lernen.

Planen Sie Ruhezeiten ein. Wenn Sie nach Hause kommen, legen Sie sich einen Moment lang auf die Couch, anstatt zu essen. Es werden Ihnen möglicherweise zahlreiche „Gründe" einfallen, warum das gerade nicht geht. Ein anstrengender Job, die Kinder, der Ehemann, die Eltern, chronischer Zeitmangel etc. Die Wahrheit ist, dass ein hoher Cortisolspiegel einen leicht euphorisierenden Effekt hat und ein hoher Dopaminspiegel ebenso. Man kann **nach Stress süchtig** werden. Wenn man schon süchtig ist, findet das Gehirn sehr, sehr viele Gründe, warum man sich jetzt irgendwie doch nicht ändern kann.

Am Anfang werden Sie sich bei Entspannung nicht so wohlfühlen – aber dennoch ist es wichtig. Und dann werden Sie merken, wie gut Ihnen das tut.

AKTIVIERUNGSÜBUNG FÜR DEN RUHESUCHENDEN

Kaufen Sie eine Woche lang eine **Zeitung**, die Sie sonst nicht lesen. Wenn Sie konservativ denken, kaufen Sie eine liberale Zeitung und umgekehrt. Versuchen Sie, sich in die Denkweise der jeweils anderen Seite hineinzuversetzen.

2. Woche: Frühstück

Jetzt haben Sie schon eine Woche keinen Kaffee mehr getrunken – nun ist es Zeit, die übrigen Frühstücksgewohnheiten zu ändern.

Das Frühstück trägt entscheidend zur **Blutzuckerstabilisierung** für den Tag bei. Es bestimmt die Reaktion auf alle folgenden Mahlzeiten. Diesen Effekt nennt man „Second meal effect“. Das bedeutet: Wenn das Frühstück starke Blutzuckerschwankungen auslöst, weil man z. B. Weißbrot mit Marmelade gegessen hat, lösen alle anderen Mahlzeiten auch starke Blutzuckerschwankungen aus. Eine Pizza zum Mittagessen ist schlimmer, wenn man morgens Weißbrot statt Früchtequark oder Roggenbrot gefrühstückt hat.

Wer ohne Frühstück aus dem Haus geht, kann fast sicher sein, dass er nachmittags Heißhungerattacken bekommt, weil der Blutzuckerspiegel den ganzen Tag über aufgrund der mangelnden Nahrungszufuhr noch instabiler ist. Da Sie nun morgens schon viel leichter wach werden, haben Sie auch mehr Zeit, um in **Ruhe** und **angemessen zu frühstücken**.

Frühstücksideen

Wie gesagt, der Ruhesuchende braucht Eiweiß, Fett und Kohlenhydrate in einem ausgewogenen Verhältnis. Der Handlungssuchende braucht mehr Eiweiß und Fett als Kohlenhydrate. Aber machen Sie sich nicht verrückt. Für den Handlungssuchenden ist das Müsli zum Frühstück komplett ungeeignet, der Ruhesuchende kann es essen, sollte es aber angemessen mit Protein (Nüssen, Samen, Kernen) kombinieren. Bedenken Sie aber, dass die Milch über dem Müsli eher als Zuckerspeise zu werten ist, denn als Eiweiß.

Ein paar Voschläge

- Vanillequark, möglichst selbst gemacht, sonst enthält er häufig zu viel Zucker, mit Früchten der Saison (bitte keine Datteln oder Feigen)
- Vollkornbrötchen (Roggen) mit Krabben, Fisch, Lammfleisch, Huhn, Käse (z.B. Emmentaler)
- Vollkornbrötchen (Roggen) mit Ei, Tomate und Gurke belegt
- Vollkornbrötchen (Roggen) mit vegetarischem Brotaufstrich aus dem Reformhaus (z. B. Kräuter-Pastete)
- Quinoa (Reformhaus) mit gedämpften oder rohen Früchten der Saison

Benützen Sie Kräuter und Gewürze, um Speisen möglichst schmackhaft zu machen.

TIPPS, UM DEN ZUCKER AUFZUGEBEN:

(Wenn Ihnen die Umsetzung von nur zwei Tipps gelingt, reduzieren Sie Ihren Zuckerkonsum ganz automatisch.)

1. Die Gier auf Zucker ist häufig ein Zeichen, dass **Proteine** fehlen. Fügen Sie zu jeder Mahlzeit wenigstens etwas Protein hinzu – ab heute. Es genügen bereits einige Nüsse und Samen.

2. Lassen Sie alle **Obstsäfte** weg, auch die „gesunden", selbstgepressten. Diese ruinieren Ihren Blutzuckerspiegel schon zum Frühstück und dann für den ganzen Tag.

3. Verändern Sie Ihre **Einstellung**: Sie essen für die Ernährung Ihres Körpers, nicht nur für Ihr Geschmacksempfinden. Selbst wenn die Geschmacksnerven etwas rebellieren, ist das viel besser, als wenn Ihr Körper unter der Last einer falschen Ernährung irgendwann zusammenbricht. Benutzen Sie **Kräuter** und **Gewürze**, um Speisen möglichst geschmackvoll zu machen.

Serotoninspiegel stabilisieren

Sport kann auf zwei Wegen zu einem verbesserten Serotoninaufbau beitragen. Der eine ist das intensive **Muskeltraining**, sei es mit Gewichten, durch intensives Aerobic oder andere aufbauende Sportarten. Das Ausmaß, in dem jemand fähig ist, in seinem Gehirn Serotonin aufzubauen, steht in direkter Beziehung zum Fett/Muskel-Verhältnis. Je mehr Muskeln, desto mehr Aminosäuren können in die Muskeln eingebaut werden (außer L-Tryptophan, das bleibt im Blut). Weil mehr L-Trytophan im Blut ist, gelangt auch mehr davon ins Gehirn und das fördert den **Serotoninaufbau**. Männer haben mehr Muskeln, also auch mehr Serotonin zur Verfügung.

Sport kann aber auch direkt zu einer Serotoninausschüttung führen. So steigern alle **entspannenden Sportarten** den Serotoninspiegel. Da zudem der Aufenthalt in der Natur förderlich ist, sind sanfte sportliche Aktivitäten an der frischen Luft wahre „Serotoninpusher“. Empfehlenswerte Sportarten: Gehen oder Fahrradfahren auf ebenem Untergrund und ohne anstrengende Steigungen, Spaziergänge in der Natur (Park, Strand, Wald, Wiese), Stretching, Low-Impact-Aerobic, vorsichtiges Gewichtheben mit wenig Gewicht. Alle **meditativen Sportarten** wie Yoga, Autogenes Training, Tai Chi etc.

DER HANDLUNGSSUCHENDE: ENTSPANNUNG LERNEN

Überdenken Sie Ihr **Sportprogramm**. Wenn Sie zu den Menschen gehören, für die es ein Muss ist, mindestens eine Stunde am Tag im Fittnesscenter zu verbringen, reduzieren Sie das auf dreimal in der Woche. Treiben Sie stattdessen eine sanfte Sportart – wenn Sie sowieso schon Sport treiben, dann stellen Sie Ihr Programm um. Nehmen Sie Autogenes Training, Yoga, Tai-Chi hinzu.

AKTIVIERUNGSÜBUNG FÜR DEN RUHESUCHENDEN

Treiben Sie eine **energetisierende Sportart**: Konkurrenz-Sportarten wie Tennis, Squash, Boxen, als Wettkampf betriebener Langlauf etc. lassen den Noradrenalin-/Dopaminspiegel ansteigen. Je größer der Anteil von Kampf oder Konkurrenz in der Sportart ist, desto stärker steigen auch diese Werte an.

Bei sehr anstrengenden Sportarten werden zuerst Dopamin und Noradrenalin verbraucht. Aber so wie ein Muskel wächst, wenn man ihn trainiert, steigt nach einer Ruhepause der Dopamin-/Noradrenalinspiegel wieder an. Auf diesem Wege kann man die Konzentration dieser beiden Botenstoffe mit anstrengenden und konkurrierenden Sportarten langsam steigern.

3. Woche: Der Entzug von Alkohol

Ab dieser Woche kein Alkohol mehr!

Sprechen Sie mit Ihren Freunden darüber. Das hilft, nicht immer wieder ein Glas Wein oder eine Flasche Bier angeboten zu bekommen und ablehnen zu müssen.

Viele Alkoholiker sind im Grunde **zuckersüchtig**. Chemisch gesehen ist Alkohol ein Zucker. Mehr und mehr Ärzte sehen **Blutzuckerschwankungen** als Ursache für Alkoholismus. Alkohol wirkt im Körper wie purer Zucker und sorgt seinerseits ebenfalls für Blutzuckerschwankungen.

Auch mit diesem Entzug beginnen Sie möglichst am Wochenende. Nehmen Sie sich frei, gönnen Sie sich ein Vollbad oder eine Massage. Das L-Glutamin wird Ihnen helfen, kein Interesse mehr am Alkohol zu haben. Häufig entsteht das Gefühl von **Ausgeschlossensein** und **Verzicht**, wenn man mit anderen an einem Tisch sitzt und als Einziger ein alkoholfreies Getränk bestellt hat. Und tatsächlich löst es auch bei den anderen mitunter spontane Ablehnung aus, wenn diese selbst Alkohol konsumieren und Sie nicht. Aber es ist möglich, mit Menschen, die man gut kennt, darüber zu sprechen und Wege zu finden, auch ohne gemeinsamen Umtrunk in Kontakt zu bleiben oder zu kommen. In der Gesellschaft wird die Ablehnung von Alkohol zunehmend akzeptiert. Bei Anlässen wird eigentlich immer auch Orangensaft angeboten. Das ist zwar als Fruchtsaft auch nicht grade optimal, aber erheblich besser als Alkohol.

Beginnen Sie damit, Weißweinschorle (Spritzer) anstatt Weißwein zu trinken und alkoholreduziertes Bier anstatt der üblichen Biermarke.

TIPPS, UM DEN ZUCKER AUFZUGEBEN:

(Wenn Ihnen die Umsetzung von nur zwei Tipps gelingt, reduzieren Sie Ihren Zuckerkonsum ganz automatisch.)

1. Wenn Sie die **Etiketten** lesen, rechnen Sie die angegebene Menge in Teelöffel um. Ein **Teelöffel Zucker** enthält ca. 4 Gramm Zucker. Wenn also auf dem Etikett steht „enthält 7,4 Gramm Kohlenhydrate pro 100 Gramm", dann sind das rund 2 TL Zucker oder andere Stärke. Wenn Sie wissen, dass Sie von dem Produkt – z.B. eine Spaghettisauce – mindestens 300 Gramm essen werden, dann sind das 6 TL Zucker, die Ihnen normalerweise noch nicht einmal aufgefallen wären!

2. **Trinken** Sie ab heute mindestens 2 Liter Wasser oder Früchte- bzw. Kräutertee!

3. Wenn Sie im Restaurant **Salat** bestellen, ordern Sie immer mit Essig und Öl angemacht. Alle anderen Salatsaucen sind zuckerreich. Auch zu Hause: Essig und Öl. Salatsaucen sind Süßigkeiten und verwandeln Ihren gesunden Salat in krankmachendes Futter.

Serotoninspiegel stabilisieren

Kaufen Sie sich eine CD mit **Entspannungsmusik** und nehmen Sie sich mindestens einmal in dieser Woche Zeit, sie auch zu hören.

DER HANDLUNGSSUCHENDE: ENTSPANNUNG LERNEN

Nehmen Sie sich zehn Minuten Zeit. Stellen Sie das Handy ab und schließen die Tür. Registrieren Sie in den nächsten zehn Minuten jeden **Gedanken**, der auftaucht, ohne ihm Widerstand entgegenzusetzen. Dann sagen Sie sich: „Ich lasse den Gedanken ziehen." Und lassen ihn ziehen. Dann registrieren Sie den nächsten Gedanken und lassen ihn wiederum ziehen. Spüren Sie, wie befreiend das wirkt!

AKTIVIERUNGSÜBUNG FÜR DEN RUHESUCHENDEN

Das Gehirn funktioniert nach folgendem Prinzip: Was keine Miete zahlt, fliegt raus. Menschen mit niedrigem Dopaminspiegel tendieren zur **Bequemlichkeit**. Sie tendieren dazu, Gewohntes zu wiederholen. Das Problem ist, dass je weniger Dopamin gebraucht wird, desto weniger stellt der Körper her. Langsam, aber sicher sinkt der Dopaminspiegel immer weiter ab, weil die Substanz vor allem dann ausgeschüttet wird, wenn man etwas Herausforderndem oder Stimulierendem begegnet.

Für diese Woche: Schreiben Sie auf, was Sie in einem Jahr erreicht haben wollen. Notieren Sie Ihre **Träume**, Ihre Wünsche und zensieren Sie nichts. Was werden Sie tun, wenn Sie zuckerfrei leben? Wie werden Sie sich fühlen? Wird sich beruflich etwas ändern? Oder in Ihren Beziehungen?

4. Woche: Mittagessen

Behalten Sie alle bisherigen Änderungen und die Einnahme der Nahrungsergänzungsmittel bei.

Der Ruhesuchende füllt seinen Teller mit 1/3 Kohlenhydrate, 1/3 Gemüse und 1/3 Fleisch oder Tofu. Der Handlungssuchende nimmt weniger Kartoffeln oder Nudeln (sehr kleine Portion) und mehr Fleisch oder Fisch oder Tofu. Es sollten weniger Kohlenhydrate sein als Fleisch oder Fisch. Wenn Sie allerdings einen Tomatensalat essen möchten, streuen Sie ausgiebig Samen oder Kerne darüber. Auch hier gilt: Machen Sie sich nicht verrückt. Wichtig ist, dass Sie als Handlungssuchender nicht auf den Gedanken kommen, nur Nudeln mit Tomatensauce zu essen. Pastagerichte sind generell für Sie schwierig, weil Sie in aller Regel mehr Kohlenhydrate als Proteine bekommen. Aber wenn es ein Pastagericht sein soll: Spaghetti aus Hartweizen mit Meeresfrüchten sind eine gute Idee.

Probieren Sie mal **Quinoa** als Beilage. Quinoa ist eines der gesündesten Lebensmittel, die der Erdball bereithält. Es ist billig, leicht zuzubereiten, kann sowohl mit Früchten als auch mit Gemüse kombiniert werden, schmeckt kalt und warm und eignet sich hervorragend als Beilage zu allen Gerichten, zu denen man sonst Nudeln oder Reis gegessen hat. Quinoa gibt es im Reformhaus. Quinoa hat einen Proteingehalt von 13 bis 22 Prozent und gehört zu den eiweißreichsten Körnerfrüchten. Seine optimale Aminosäurezusammensetzung entspricht sogar den Empfehlungen der WHO für eine ausgewogene

Ernährung. Quinoa enthält 50 bis 65 Prozent Kohlenhydrate und ist **glutenfrei**. Es weist nur etwa 5 Prozent Fett auf. Dieses Fett besteht überwiegend aus **ungesättigten, langkettigen Fettsäuren** und ist daher sehr wertvoll. Beachtlich ist der Anteil von 4,3 Prozent Alpha-Linolensäure, einer Omega-3-Fettsäure, die sonst nur in Fisch vorkommt. Die Quinoa enthält mehr Mineralstoffe und Spurenelemente als die allermeisten anderen Getreidesorten.

Das „Pseudogetreide" lässt sich problemlos zubereiten, indem man die Körner in kochendes Wasser schüttet und eine Viertelstunde lang kochen lässt – so zubereitet schmeckt es neutral und kann je nach Rezept und Beilage nachgewürzt werden – auch gesüßt, z. B. mit etwas Honig und Früchten. Kocht man es stattdessen in Brühe, schmeckt es etwas würziger und salzig.

TIPPS, UM DEN ZUCKER AUFZUGEBEN:

(Wenn Ihnen die Umsetzung von nur zwei Tipps gelingt, reduzieren Sie Ihren Zuckerkonsum ganz automatisch.)

1. Bei **Süßhunger** essen Sie Obst (entsprechend der Liste auf Seite 68).

2. Tragen Sie immer Portionen von Obst, kleingeschnittenem Gemüse, Nüssen, Samen oder Kernen bei sich, für Situationen in denen Sie **müde** und **gestresst** sind und nach Zucker gieren.

3. Kaufen Sie ab heute nichts mehr ein, was **fettreduziert** oder **fettarm** daherkommt. In aller Regel sind diese Produkte mit Zucker oder Süßstoffen versetzt, die wesentlich gefährlicher sind als Fett. Keine kalorienreduzierten Produkte mehr!

Serotoninspiegel stabilisieren

Entrümpeln Sie. Die bekannte Feng-Shui-Beraterin Karin Kingston schreibt: „Die Ansammlung von Gerümpel macht müde und lethargisch." Tatsächlich wird der Serotoninspiegel auch stabilisiert, indem man Ordnung schafft. Gedanken und Gefühle beeinflussen uns bis in jede Zelle. Und **Chaos** macht es schwer, sich wirklich wohlzufühlen.

Ich rate zuckersüchtigen Klienten eigentlich immer, ihre Wohnung in Ordnung zu bringen. Trennen Sie sich von altem Gerümpel, Zeitungsausschnitten, die Sie sowieso schon gelesen haben, Kleidern, die man sowieso nie mehr anziehen wird und denen überdies ein Knopf fehlt, Stapel von ungelesenen Zeitschriften, Geschenke, die man noch nie mochte, aber tapfer aufbewahrt, denn das sind alles **Energieräuber**. „Ich krieg' dich", sagt der Stapel Zeitungen, „ich krieg' deine Energie, deine Lebensfreude. Sieh nur her, ich liege immer da und zeige dir all die Dinge auf, die du in der Vergangenheit nicht erledigt hast. Ich mache dir permanent ein schlechtes Gewissen." Und da ein schlechtes Gewissen unangenehm ist, naschen wir aus Verzweiflung ein bisschen.

Die Sehnsucht nach einem „sicheren Ort" ist uns evolutionär angeboren. In der Urzeit war damit eine warme und bequeme Höhle gemeint, heute ist es die Wohnung. Wenn hier etwas nicht stimmt, erzeugt der entsprechende Instinkt ungeheuer viel Stress. „Aber ich lese ja vielleicht noch einmal diese Zeitschriften." – Vielleicht. Sehr wahrscheinlich nicht und sehr wahrscheinlich wird der Berg immer größer und erschlägt Sie immer mehr. Es lohnt nur, Zeitschriften aufzuheben, die Sie beruflich brauchen. Überdies bekommen Sie heutzutage praktisch alle Informationen, die Sie benötigen, im Internet.

Dinge geben ein **scheinbares Gefühl von Sicherheit**, aber an allen Dingen haften Emotionen. Wenn Sie entrümpeln, befreien Sie sich von negativen Emotionen. Dinge waren häufig mal wichtig. Man hat Freude empfunden, sie zu besitzen, man hat sie vielleicht sogar wirklich gebraucht, aber jetzt ist ihre Zeit **abgelaufen**. Der Moment, in dem Sie sich das eingestehen, ist einer der wichtigsten Schritte aus der Zuckersucht. Geben Sie Dinge, die Sie nicht mehr brauchen, weg, verschenken Sie sie, verkaufen Sie sie, bringen Sie sie zum Sperrmüll. Sie werden merken, wie ungeheuer **erleichtert** Sie sich danach fühlen. Und Sie werden wesentlich weniger das Bedürfnis haben, fehlende Energie mit Zucker zu ersetzen.

Trennen Sie sich von altem Gerümpel und Zeitungsstapeln.

DER HANDLUNGSSUCHENDE: ENTSPANNUNG LERNEN

Versuchen Sie sich, wenn starke Emotionen auftreten, wie z.B. Begierde, Neid, Hochmut, Aggression oder Habgier, eine Situation vorzustellen, in welcher Sie **inneren Frieden** empfinden. Stellen Sie sich am Ufer eines Sees vor, den Sie innerlich ruhig betrachten, oder wenn Sie möchten, die Wellen des Meeres oder die Stille der Berge. Stellen Sie sich vor, wie Sie dasitzen und Ihr Geist ist so offen und klar wie der Himmel und Ihre Gedanken sind wie die Vögel im Himmel. Ändern die Vögel etwas am Himmel? Lassen Sie sie immer wieder vorüberziehen.

AKTIVIERUNGSÜBUNG FÜR DEN RUHESUCHENDEN

Wenn starke Emotionen auftauchen, heißen Sie diese willkommen. Erlauben Sie sich alle „negativen" Emotionen. Fragen Sie sich: Welcher **Veränderungswunsch** ist mit diesen Emotionen verbunden? Wenn Habgier auftaucht: Was möchten Sie haben? Welche Wege gibt es – im Außen? Wenn Hochmut auftaucht: Hurra, endlich fangen Sie an, die unterlegene Rolle nicht mehr zu akzeptieren. Wenn Neid auftaucht: Bravo, endlich akzeptieren Sie, dass Sie etwas haben möchten, was der andere hat. Gehen Sie nach außen. Wünschen Sie sich etwas und denken Sie sich Wege aus, wie Sie es bekommen könnten. Stellen Sie sich eine Welt vor, in der Sie ein Recht darauf hätten, das zu bekommen, was Sie sich wünschen.

5. Woche: Gesunde Fette

Die Einnahme der Nahrungsergänzungsmittel und die inzwischen fast zur Gewohnheit gewordenen Änderungen setzen Sie fort.

Tauschen Sie nun die **tierische Butter** gegen Kürbissamenbutter (Kürbiskernbutter) oder reduzieren Sie den Konsum. Schmeißen Sie **Margarine** aus dem Haus. Wenn Sie wählen müssen, wählen Sie IMMER Butter anstatt Margarine. Butter enthält tierische Fette, das stimmt, aber Margarine enthält **Transfette**. Wenn etwas Ihrem Herzen schadet, dann Margarine. Und zwar auch dann, wenn die Lobbyarbeit der Margarineindustrie Ihnen seit vierzig Jahren das Gegenteil in den Kopf hämmern will. Ganz schlimm ist fettreduzierte Margarine, die zusätzlich Zucker und Süßstoffe enthält. „Du darfst", aber Du solltest nicht.

Kochen Sie mit **kaltgepresstem Olivenöl** oder **Kokosnussöl**. Ihren Salat verfeinern Sie mit **Leinöl**, **Hanföl**, **Rapsöl** oder **Walnussöl**.

Suchen Sie bei Ihrem Bäcker das Brot mit dem wenigsten Zucker pro Scheibe.

TIPPS, UM DEN ZUCKER AUFZUGEBEN:

(Wenn Ihnen die Umsetzung von nur zwei Tipps gelingt, reduzieren Sie Ihren Zuckerkonsum ganz automatisch.)

1. Suchen Sie bei Ihrem Bäcker das **Brot** mit dem wenigsten Zucker pro Scheibe. Brot, das mit Hefe gebacken wird, enthält in aller Regel Zucker, weil dies der Hefe zugefügt wird, damit diese aufgeht und mit ihr das Brot. Überprüfen Sie auch Knäckebrot!

2. Wenn Sie auf den Geschmack von „Süß" nicht verzichten möchten, probieren Sie folgendes **Rezept** (erfunden von Ann Louise Gittleman): Mischen Sie eine Tasse gekochter Karrotten, 2 Teelöffel Butter oder Nussbutter, 1 Teelöffel Honig und etwas Salz im Mixer. Fügen Sie soviel Butter hinzu, dass es sahnig schmeckt.

3. **Müsli** ist der Inbegriff des „gesunden" Nahrungsmittels, aber nur wenn Sie ein komplett zuckerfreies kaufen. Sonst ist es ein Dessert und wirkt wie ein Dessert. Streuen Sie genug Nüsse und Samen darüber, um die Kohlenhydrate mit Eiweiß zu balancieren.

Bringen Sie Ihren Papierkram in Ordnung und reduzieren Sie Ihr Pflanzensortiment.

Serotoninspiegel stabilisieren

Nehmen Sie sich (je nach Ausgangslage) ein oder zwei Wochenenden Zeit. Ordnen Sie Ihren gesamten **Papierkram**. Schreiben Sie die Mails und Briefe, die Sie schon lange schreiben müssen. Legen Sie Ordner an und beschriften Sie sie. Viele Menschen bilden sich ein, dass sie die benötigte Quittung bei Bedarf auf Stapel 3 des allgemeinen Chaos, platziert gleich neben der Tür, schon finden. Ja, das tun sie. Sie finden Sie und während Sie suchen, müssen Sie sich zehn bis zwölf Zettel ansehen und mit den Gedanken, den Emotionen beschäftigen, die auch an diesen Zetteln hängen. Ah ja, die Quittung vom Griechen. Wie war das noch mal im Restaurant? Hat das Essen geschmeckt? – Und schon sind Ihre Gedanken woanders. Was haben Sie gesucht? Plötzlich fühlen Sie sich müde, nicht wahr? Plötzlich haben Sie Lust auf ... ein Bier? Ein Eis?

Entrümpeln Sie Ihren **Schreibtisch**. Ein voller Schreibtisch mit zehn überquellenden Ablagekörbchen ist kein Zeichen von Fleiß, sondern ein unsäglicher Energiefresser, der Zeit kostet und Sie dazu bringt, wesentlich weniger zu leisten, als sie könnten. Notfalls opfern Sie Ihrem Büro ein Wochenende. Das Gleiche gilt für den Gießplan für 30 Pflanzen. Raus damit. Ein oder zwei Pflanzen reichen im Büro. **Pinnwände**, übersäht mit kleinen gelben Post-it-Zettelchen erinnern einen an gar nichts, aber sie fressen Energie. Wenn Sie erinnert werden möchten: Kalender, Outlook, sonstige Programme.

Konzentrieren kann man sich besonders gut, wenn der Schreibtisch leer ist und nur das Projekt, das man gerade bearbeitet, sich auf dem Schreibtisch befindet. Haben Sie schon einmal den Schreibtisch von hochrangigen Managern gesehen? Je höher in der Hierarchie, desto leerer ist der Schreibtisch. Und das nicht etwa, weil die Leistungsträger zu wenig arbeiten.

Ordnung auf Ihrem Computer befreit!

Und wenn Sie schon dabei sind: Große, wunderbare **Flachbildschirme** laden ebenfalls zum elektronischen Vollmüllen ein. Jetzt wo man 21 Zoll Platz hat... herrlich. Hier eine Datei, dort eine... Viele niedliche Icons mit vielen verschiedenen Bildchen, ganz zu schweigen von einem emotional aufregenden Hintergrundbild. Sie werden schon müde, wenn Sie jedes Mal mit den Augen all das abtasten müssen, bis Sie die richtige Datei gefunden haben. Und dann hier ein Klick, da ein Klick, noch einer... War es jetzt eigentlich diese Datei oder jene? Was wollte ich noch schnell? Ah, jetzt einen Kaffee... Es gibt gute Bücher darüber, wie man ein Ordnersystem auf seinem Computer entwickelt, das einem dabei hilft, Dateien auch wiederzufinden. (Eines der besten: „Logistik im Büro: Unordnung kostet Geld" von Edith Stork).

Gut arbeiten können Sie, wenn der Bildschirm schön leer ist – bis eben auf das, woran Sie im Moment dran sind. Und Sie werden keinen Kaffee mit Riegel mehr brauchen, um den Vormittag durchzuhalten, und mittags einen Kuchen, um bis abends weiterzumachen.

DER HANDLUNGSSUCHENDE: ENTSPANNUNG LERNEN

Genügend **Schlaf** ist für die Heilung von Zuckersucht entscheidend – aber gerade Menschen mit hohem Cortisolspiegel leiden häufig unter Schlafproblemen. Gewöhnen Sie sich an regelmäßige Schlafenszeiten und verpflichten Sie sich, im Bett zu bleiben – und sei es nur ruhend –, wenn Sie sich einmal hingelegt haben. Je genauer die Bettzeiten eingehalten werden, desto einfacher haben Sie es.

AKTIVIERUNGSÜBUNG FÜR DEN RUHESUCHENDEN

Lachen! Lächeln Sie diese Woche dreimal (oder öfter) jemanden bewusst an, entweder jemanden, den Sie nicht kennen oder jemanden, den Sie sonst nie anlächeln. Die Zeitungsfrau, die Bäckerin, den Straßenkehrer... Natürlich dürfen Sie so oft wie möglich auch Ihre Frau/Ihren Mann, Ihre Kinder, Ihre Kollegen anlächeln.

Übrigens dürfen die Handlungssuchenden gerne lächeln und auch dem Ruhesuchenden tun regelmäßige Schlafenszeiten gut.

6. Woche: Abendessen

Leisten Sie sich einen Dampfgarer. Es ist sinnvoll investiertes Geld.

Dämpfen Sie von nun an regelmäßig Gemüseportionen zum Abendessen. Praktisch jedes Gemüse kann man dämpfen. So bleiben die wichtigsten **Vitamine** und **Mineralstoffe** auch im warmen Gemüse erhalten. Denn selbst wenn Sie Nahrungsergänzungsmittel nehmen: Obst und Gemüse brauchen Sie trotzdem. Junk-Food verbraucht zusätzlich Mineralstoffe und Spurenelemente und fördert einen Mangel. Behalten Sie die Änderungen der Vorwochen bei: Kein Kaffee, kein Alkohol. Nehmen Sie auch Ihre Nahrungsergänzungsmittel weiter. Sie werden sich jetzt schon erheblich fröhlicher und energetischer fühlen.

Essen Sie **abends** sehr wenig stärkehaltige Kohlenhydrate (am besten gar keine), also wenig Brot, wenig Reis, wenig Nudeln – und stattdessen sehr viel Gemüse, kombiniert mit Proteinen wie Hähnchen, Pute, Eier, Fisch, Schalentiere. Das gilt auch für den Ruhesuchenden. Denn Kohlenhydrate am Abend provozieren eine **Insulinausschüttung**, die noch stundenlang nachwirkt und dem Fettabbau in der Nacht entgegenwirkt. Dazu Salat, angemacht mit Essig und Öl (z. B. Rapsöl oder Olivenöl).

TIPPS, UM DEN ZUCKER AUFZUGEBEN:

(Wenn Ihnen die Umsetzung von nur zwei Tipps gelingt, reduzieren Sie Ihren Zuckerkonsum ganz automatisch.)

1. Essen Sie nur Fleisch, das gekocht oder gedämpft (eventuell fettarm gebraten) wurde. Alles Fleisch wie **gepöckelter Schinken**, Wurst, gebratene Hähnchen, geräuchtertes Fleisch ist mit Salz und Zucker regelrecht überladen. Ganz besonders zu meiden ist Fleisch mit Zucker, der extra hinzugefügt wurde: Hot Dogs, Würstchen, Schinken, Pastrami. Dennoch: Wenn Sie Steak essen wollen, machen Sie sich erheblich mehr Gedanken über die **Sauce** als über das Steak.

2. Lamm, Huhn, Putenfleisch (ebenso wie Schwein und Rind) sind sehr gute Quellen für **Zink**. Zink ist ein Mineral, das für eine angemessene Blutzuckerregulation entscheidend ist, aber bei sehr vielen Menschen fehlt. Es ist nicht nur notwendig für ein optimales Funktionieren der Nebennierenrinde, es hilft auch der Bauchspeicheldrüse, soviel Insulin zu speichern bzw. auszustoßen, wie benötigt wird.

3. Essen Sie nichts mehr, was **paniert** wurde. Machen Sie vom Schnitzel die Panade (Panier) ab. Kein Fingerfood, es ist fast durchwegs paniert! Keine Fischstäbchen, keine panierten Garnelen, das ist weißes Mehl in Kombination mit Zucker. Auch alle Fertigpanaden zum Selberanrühren sind Mischungen aus Gewürzen, **Zucker** und **Weißmehl**. Die Hühnchen, die von einem liebenswerten Ex-Soldaten verkauft werden und aus Kentucky kommen, sind für Ihre Bauchspeicheldrüse und Ihre Zuckersucht eine echte Gefahr. Das, womit der Colonel sein Geld verdient, sind nicht die Hühnchen, sondern die Würzpanade um die Hühnchen. Und die macht so süchtig, dass er damit aus dem Nichts einen ganzen Konzern aufbauen konnte. Warum wohl?

Serotoninspiegel stabilisieren

Der richtige Umgang mit **Werbung** ist sehr wichtig für den Ausstieg aus der Zuckersucht. Und der geht so: Brief aufreißen, Brief als Werbung erkennen und, OHNE DIE WERBUNG ZU LESEN, ab damit in die Altpapiertonne – sofort. Ignorieren Sie alle Werbung, die Ihnen ins Haus flattert. Legen Sie sie niemals auf einen Stapel, der noch aufgeräumt werden muss. Lesen Sie niemals Werbung, es sei denn, Sie planen seit Monaten eine bestimmte Anschaffung oder Sie müssen die Lebensmittelpreise vergleichen. Aber selbst dann genügt es, wenn Sie die Preise in den Läden vergleichen, wo Sie tatsächlich einkaufen. Werbung muss sofort entsorgt werden, noch in der Minute, noch am Tag, an dem sie ankommt.

Sie brauchen keine Werbung, es genügt wenn Sie die Preise in den Läden vergleichen.

Das menschliche Unbewusste reagiert sehr viel stärker auf Bilder als auf Worte. Um Verlangen zu empfinden, braucht man ein inneres Bild von etwas Bestimmtem. Das menschliche Gehirn sucht nach Möglichkeiten, etwas dann auch zu bekommen, wenn der **Bedarf** einmal **geweckt** und das **Verlangen angeregt** wurde. Es überprüft nicht ständig: „Brauche ich das wirklich?" Und damit rechnen Werbeagenturen. Plötzlich brauchen Sie eine Duftkerze, eine Digitalkamera, einen neuen Computer, die neuste Mode, ein neues Auto usw.

Werbebilder sind dafür da, Verlangen zu schüren. Und wenn das Verlangen einmal da ist, wird auch Dopamin ausgeschüttet und Serotonin gesenkt. Das war einst so gedacht, als wir auf die Jagd gehen sollten, um das Verlangen nach Nahrung konzentriert zu befriedigen. Nichts sollte vom Ziel ablenken. Dopamin, Sie erinnern sich? Hilft dabei, sich ganz auf ein Ziel zu fokussieren und blendet alles andere aus. **Spielsüchtige** haben ein Dopaminproblem und sind nur noch auf ihr Spiel fixiert. Sie sind gar nicht mehr fähig zu überlegen, dass es Wahnsinn ist, was sie tun. Werbeleute wollen Ihr Gehirn genau in diesen Zustand des Verlangens versetzen. Sie sollen nicht überlegen, ob Sie wirklich drei Fernseher und vier Digitalkameras oder das allerneueste Handy brauchen. Sie sollen es nur noch wollen, wollen, wollen. Und wenn Sie sich das neue Auto gar nicht leisten können, könnten Sie aus Frust wenigstens ein Eis essen, oder?

Geben Sie der Werbung keine Chance. Wenn Sie wirklich etwas brauchen, dann finden Sie das billigste Angebot im Internet oder Sie gehen gezielt in die entsprechenden Läden und sehen sich das an, was Sie wirklich haben wollen.

Spielsüchtige haben ein Dopaminproblem und sind nur noch auf ihr Spiel fixiert.

DER HANDLUNGSSUCHENDE: ENTSPANNUNG LERNEN

Machen Sie eine Liste mit Aufgaben, die Sie an andere **delegieren** können. Viele Menschen glauben heimlich, dass sie unentbehrlich sind. Geht Ihnen das auch manchmal so? Wenn Sie glauben, irgendwo unentbehrlich zu sein, sagen Sie fünf Mal leise zu sich selbst: „Die anderen überleben ohne mich und ich überlebe ohne die anderen." Der Glaube, man wäre der Einzige, der eine Aufgabe übernehmen könnte, ist in aller Regel falsch. Dann gehen Sie an Ihre Liste. Andere Menschen können es auch und Sie können entspannen. Nur so kann Ihr Cortisolspiegel sinken.

AKTIVIERUNGSÜBUNG FÜR DEN RUHESUCHENDEN

Machen Sie sich eine Liste mit Dingen, die Sie in **Zukunft schneller erledigen** möchten. Gehen Sie in Gedanken Ihre Aufgaben durch und fragen Sie sich: Geht es auch schneller? Das wird Ihnen helfen, den Cortisolspiegel zu steigern – und den Dopaminspiegel ebenfalls.

7. Woche: Ich brauche keine Schokolade

Es ist fast geschafft!

Nehmen Sie Ihre Nahrungsergänzungsmittel weiter, behalten Sie alle Änderungen der Vorwoche bei und führen Sie als **Nachmittagssnack** Obst, Gemüse oder ein frisches Vollkornbrötchen ein. Sehr lecker und zudem hilfreich ist auch Quark, mit ein paar Tropfen Leinöl vermischt, als Dip zu Gemüse oder aufs Brot.

TIPPS, UM DEN ZUCKER AUFZUGEBEN:

(Wenn Ihnen die Umsetzung von nur zwei Tipps gelingt, reduzieren Sie Ihren Zuckerkonsum ganz automatisch.)

1. Eines der besten Lebensmittel, um den Blutzucker zu stabilisieren, ist **Thunfisch**.

2. Gemüse wie **Bohnen** und **Erbsen** sind nicht nur fettarm und eiweißreich, sie werden auch recht langsam verstoffwechselt. Zwar haben sie natürlicherweise etwas Zucker, aber die heben den Blutzuckerspiegel nur minimal. Bohnen, Erbsen und alle anderen **Hülsenfrüchte** sind immer eine gute Wahl.

3. **Saucen**, die man problemlos benutzen kann: Tsatziki und Tabasco. Ebenso Salsa, wenn kein Zucker hinzugefügt wurde.

Serotoninspiegel stabilisieren

Gehen Sie Ihren **Kleiderschrank** durch – und geben Sie alles weg, in das Sie nicht mehr reinpassen. Reparieren Sie, was kaputt ist, und entsorgen Sie alle Kleider, Hosen, Röcke, die sich nicht mehr reinigen lassen, die Sie nicht mehr reparieren wollen. Ich lebte einst in einer WG mit einer Frau, die darüber klagte, keinen Mann zu finden (Sie war der klassische Handlungstyp). Sie lebte in einer riesigen Altbauwohnung mit einem riesigen Flur. Der gesamte Flur war ein gigantischer Kleiderschrank. Sie hatte alles aufgehoben, inklusive ihres Konfirmationskleides. Nach wie vor zog sie ab und zu eines Ihrer Kleidungsstücke aus der Zeit an, als sie 14 war, und war stolz darauf, noch reinzupassen. Nur, eine 38-jährige Frau ist kein 14-jähriges Mädchen, das gerade beginnt, sich für pubertierende Jungs zu interessieren. Für einen erwachsenen Mann in ihrem Alter war schlicht kein Platz. „Der Besitz von Krempel hält einen in der Vergangenheit fest", schreibt Karen Kingston („Feng Shui gegen das Gerümpel des Alltags"). Und das gilt auch für Kleidung. Die Frau hatte keinen Mann. Aber, sie hatte ein kleines Problem mit Schokolade.

Gewöhnen Sie sich an, nur dann ein **neues** Kleidungsstück zu kaufen, wenn ein **altes** dafür **weggegeben** wird oder in der Altkleidersammlung landet. Überlegen Sie schon im Geschäft, welches alte Stück sie für das neue weggeben werden.

DER HANDLUNGSSUCHENDE: ENTSPANNUNG LERNEN

Zuhören lernen. Wenn jemand redet, gibt es drei Methoden, um jemanden zu ermutigen weiterzureden. Diese sind:

- Schweigen, während der andere redet.
- Positive Bestätigung („Das haben Sie richtig gemacht", „Das war gut", „Das ist ja ganz toll" usw.)
- Wiederholung des gesagten mit eigenen Worten (Nennt man auch Paraphrasieren). „Habe ich richtig verstanden, dass...?" Und dann geben Sie wieder, was Sie gehört haben. Aber erst, nachdem der andere ausgeredet hat.

AKTIVIERUNGSÜBUNG FÜR DEN RUHESUCHENDEN

Lernen Sie jemanden zu **unterbrechen**, der Sie mit eigenen Themen zuschüttet. Sie sind wichtig genug. Sprechen Sie den anderen, wenn Sie ihn unterbrechen, mit vollem Namen an: „Herr X, darf ich Sie unterbrechen, ich glaube, das führt vom Thema weg. Mein Thema war..." Oder: „Marina (oder Petra oder Lisa), ich höre, dass Dich Deine Probleme mit Peter frustrieren. Aber ich kann heute keine negativen Erzählungen mehr verkraften. Können wir uns über etwas anderes unterhalten?" Unterbrechen Sie, wenn der andere Ihnen stundenlang Probleme erzählen möchte. Negative Emotionen auszuwalzen hilft dem anderen nicht und macht Sie eventuell krank – oder esssüchtig.

8. Woche: Das Ende von Zucker und Weißmehl

Nehmen Sie weiterhin die Nahrungsergänzungsmittel, und behalten Sie alle Änderungen der letzten Wochen bei.

Diese Woche ist geht es einen Schritt weiter aus der Zuckersucht. Da Sie bereits auf Vollkornbrot umgestellt haben (siehe Frühstück), lassen Sie ab jetzt einfach jeglichen **Kuchen**, alle **Zuckergetränke**, **Eis** und **Süßigkeiten** weg. Wenn Sie die Gier übermannt, dann nehmen Sie L-Glutamin.

Trinken Sie Mineralwasser von heute an mit frisch gepresstem **Zitronensaft** oder fertigem Limettensaft.

TIPPS, UM DEN ZUCKER AUFZUGEBEN:

(Wenn Ihnen die Umsetzung von nur zwei Tipps gelingt, reduzieren Sie Ihren Zuckerkonsum ganz automatisch).

1. Wenn Sie **Kuchen** essen wollen, beispielsweise zum Kindergeburtstag, backen Sie einen mit **Vollkornmehl** oder kaufen Sie einen solchen. Kaufen Sie niemals einen fettfreien Kuchen. „Fettfrei" heißt: Mit mehr Zucker versetzt, als gut für Sie ist, und mit wesentlich mehr, als sie glauben. Wenn es Kuchen sein soll, nehmen Sie welchen mit einem moderaten Anteil an Fett und Zucker. Obstkuchen ist besser als Sahnetorte.

2. Wenn es im Sommer **Eis** sein soll, zermahlen Sie **frische Früchte**, vermischen Sie sie mit Wasser und lassen das Ganze gefrieren.

3. Wenn es ein kommerzielles Eis sein soll, kaufen Sie **Joghurt-Eis** oder **Fruchteis**.

Serotoninspiegel stabilisieren

Ordnen Sie Ihre **Finanzen**. Nichts macht mehr Stress als Probleme in diesem Bereich. Bezahlen Sie heute noch alle **offenen Rechnungen** – wenn Sie es können. Wenn nicht, bezahlen Sie umgehend, sowie sie es können. Wenn Sie Schulden haben, sprechen Sie mit einer Schuldnerberatung. Reden Sie mit dem Finanzamt. Wenn es irgendwie möglich ist, bezahlen Sie bar und nicht mit Kreditkarte. Kreditkarten sind gut für Menschen, die keine Schulden haben. Sie mögen das als unfair empfinden, möglicherweise zu Recht, aber es ist so. Wenn Sie Schulden haben, verbannen Sie Ihre Kreditkarten in den hintersten Winkel der Wohnung oder schneiden Sie sie in viele kleine Einzelteile. Sie können eine neue beantragen, wenn Sie frei sind.

Kündigen Sie alle **Zeitungsabos**, alle Fernsehabos, alles was monatlich Fixkosten verursacht. Kündigen Sie solange, bis nur noch Gas, Strom und Ihr Internet-Provider übrig bleiben. Reden Sie mit Ihrem Telefonanbieter über günstige Tarife. Klären Sie es. Sie glauben gar nicht, was man alles sparen kann, wenn man „Routinekosten" drastisch senkt. Sie brauchen kein TV-Abo, Sie brauchen kein iPhone mit zweijährigem Vertrag, Sie brauchen nichts dergleichen. Auch dann nicht, wenn alle Ihre Freunde eins haben. Sie nicht. Wenn Sie ausgiebig plauschen wollen – prima Idee. Wie wäre es, wenn Sie Ihrem Gegenüber ins Gesicht sehen, anstatt eine Flat-Rate zu buchen? Wenn Sie mit Ihren Freunden oder Geschäftspartnern Kontakt halten wollen, genügen Telefon und E-Mail oder aber: PERSÖNLICHER KONTAKT. Man kann auch direkt miteinander sprechen und das kostet in aller Regel sehr wenig. Lassen Sie sich nichts einreden. Andere verdienen daran und Sie werden zuckersüchtig, dick und schließlich krank. Der Preis ist immer höher, als Sie denken.

DER HANDLUNGSSUCHENDE: ENTSPANNUNG LERNEN

Wenn es ein **Problem** mit einem Mitarbeiter, Bekannten, Ehemann, Kind gibt, fragen Sie sich Folgendes: Was ist mein Anteil an der Situation? Gehen Sie nach innen und fragen Sie sich, was Sie gefühlt haben, bevor der Konflikt ausbrach.

AKTIVIERUNGSÜBUNG FÜR DEN RUHESUCHENDEN

Wenn es ein **Problem** mit einem Mitarbeiter, Bekannten, Ehemann, Kind gibt, fragen Sie sich Folgendes: Was ist der Anteil des anderen an der Situation? Benennen Sie diesen Anteil (evtl. nur leise). Wenn Sie einen Druck oder ein **Ungleichgewicht** fühlen, kann es sehr wohl sein, dass Sie in Wahrheit das Gefühl des Gegenübers mitgefühlt haben. Fragen Sie sich: Was hat der andere gefühlt? Wenn der andere Zorn gefühlt hat und Sie haben mitgefühlt, war es nicht Ihr Zorn. Wie ändert sich Ihre Interpretation der Situation, wenn Sie so vorgehen?

9. Woche: Ich bin eingeladen – was nun?

Ein altes Dilemma: Wie sage ich Nein?

Wenn Sie eingeladen sind, gibt es mehrere mögliche Situationen:

- Sie möchten die Einladung eigentlich gerne annehmen, wissen aber, dass der soziale Schaden zu groß wäre, wenn Sie beispielsweise die selbst gemachte Mousse au Chocolat ablehnen würden.

Verdeutlichen Sie sich, dass Ihre Sucht primär durch die **biochemische Konfiguration** Ihres Gehirnes ausgelöst wird und nicht durch die Speise. Die Änderung dieser biochemischen Konfiguration haben Sie unter Kontrolle.

Essen Sie vorher schon eine (möglichst gesunde) Kleinigkeit, damit Sie nicht allzu hungrig bei Ihrem Gastgeber eintreffen – und dann genießen Sie, was der Gastgeber Ihnen serviert – auch die Mousse au Chocolat. Atmen Sie tief durch und verdeutlichen Sie sich, dass **keinerlei Schaden** entstanden ist. Sie können eine solche „Sünde" bei einer in der Regel für Ihren Typ günstigen Ernährung ohne weiteres am nächsten Tag wieder ausgleichen.

- Sie möchten die Einladung annehmen und Sie wissen, dass Sie, ohne soziale Demontage zu betreiben, manche Speisen ablehnen können.

Sagen Sie dem Gastgeber zunächst, dass Sie ihm für die Einladung danken und gerne gekommen sind. Lehnen Sie die Speise dann höflich ab und versichern Sie ihm gleichzeitig, dass Sie es nur aus **persönlichen Gründen** tun, weil Sie diese **Nahrungsmittel nicht vertragen**. Machen Sie taktvoll deutlich, dass die Ablehnung nichts mit seiner Person zu tun hat. Selbst wenn man Sie sanft drängt, bleiben Sie bestimmt und konsequent. Bei Freunden können Sie natürlich auch direkt sagen, dass Sie Zucker entziehen möchten.

- Das Problem taucht einmal die Woche auf, weil Sie jeden Sonntag bei der Oma essen, die gerne bürgerliche Küche und Nachtisch aufwartet.

Man kann auch seinen Serotoninspiegel heben, indem man andere Menschen pflegt und nährt. Besonders Frauen, die einen niedrigen Serotoninspiegel haben, nutzen diese Möglichkeit häufig. Je tiefer der Serotoninspiegel – und entsprechend der Selbstwert – einer Frau ist, desto zwanghafter versucht sie zu nähren.

Wenn es nicht möglich ist, zur Oma, Tante, Freundin „Nein" zu sagen, ohne die Beziehung zu ruinieren, ist es Zeit zu überlegen, ob sie weiterhin dort hingehen wollen. Ich arbeitete einst mit einer Frau, die ihrer Mutter erzählte, dass sie ihren Kaffee-Konsum reduzieren wollte. Mama kam jeden Nachmittag mit einer großen Kanne vorbei und behielt das auch bei, nachdem sie erfahren hatte, dass die Tochter den Kaffee aufgeben wollte. Die Tochter setzte sich nicht durch und trank weiterhin Kaffee. Hier folgte sie dem Beispiel des Vaters, der als Alkoholiker nach jedem Entzug von der Mutter erneut Alkohol bekam, und schließlich daran starb. Solche Fälle sind viel häufiger, als man vermuten würde. **Co-Abhängigkeit** ist ein gravierendes Problem.

Tatsächlich gibt es kein Patentrezept für solche Fälle. Aber prinzipiell sind Beziehungen, in denen es nicht möglich ist, „Nein" zu sagen, nicht gesund. Eventuell müssen Sie sich professionelle Unterstützung holen.

Es gibt jedoch einen „Zaubersatz" aus dem gleichnamigen Buch von Olaf Jacobsen. Und der heißt: „Ich stehe nicht mehr zur Verfügung." Schließen Sie die Augen und stellen Sie sich die nährende Oma, Tante, Freundin vor. Sagen Sie zu ihr: „Liebe X, ich stehe für Dein Bedürfnis, andere zu nähren, nicht mehr zur Verfügung." Viele Menschen empfinden beim Aussprechen dieses Satzes eine **sofortige Erleichterung**. Es genügt, den Satz oft genug zu denken. Sie müssen ihn nicht laut sagen. Wenn Sie diese Übung oft genug machen, werden Sie staunen, wie sich die Beziehung verändert. Das Buch von Olaf Jacobsen ist übrigens sehr lesenswert.

Das Gleiche gilt auch, wenn Ihnen die Kollegin am Schreibtisch gegenüber ständig **Süßigkeiten** anbietet. Versuchen Sie zuerst, mit ihr zu reden. Sagen Sie ihr, dass es nichts mit ihr zu tun hat, wenn Sie ablehnen, und dass Sie selbst keine Süßigkeiten mehr kaufen werden. Leihen Sie Ihr dieses Buch oder schenken es ihr. Legen Sie sich Obst, Nüsse und klein geschnittenes Gemüse parat. Erklären Sie, dass die Argumentation „Ein Stück wird ja wohl gehen" nicht angemessen ist. Eine Zigarette bringt den Ex-Raucher zurück in die Sucht. Auch für Zucker gibt es ein **Suchtgedächtnis**. Manche meinen: Jeden Tag ein Stückchen geht ja wohl, wenn Sie es im Griff haben. Wenn Sie wirklich jeden Tag ein Stückchen essen können, kein Problem. Aber wenn Sie unter Heißhungerattacken am Nachmittag oder Abend leiden oder gar unter Bulimie: Nein, nein, nein.

TIPPS, UM DEN ZUCKER AUFZUGEBEN:

(Wenn Ihnen die Umsetzung von nur zwei Tipps gelingt, reduzieren Sie Ihren Zuckerkonsum ganz automatisch.)

1. Wenn Weihnachten oder Ostern naht: Gehen Sie nur sehr, sehr **satt einkaufen**. Rechnen Sie aus, wie viel Sie ausgeben möchten, lassen Sie die Kreditkarte zu Hause und alles überflüssige Bargeld. Nehmen Sie immer, wenn Sie länger einkaufen gehen, entweder **Protein** mit oder achten Sie darauf, alle drei Stunden zuckerfreies Protein mit Pumpernickel, Vollkornbrot etc. zu essen. Machen Sie einen weiten Bogen um Glühwein, Würstchen, Weihnachtsgebäck usw.

2. Bereiten Sie zu Weihnachten und an anderen „Fressfeiertagen" eine einfache Mahlzeit zu und versuchen Sie, genügend **zuckerfreie Reste**, wie Huhn, Gemüse etc., zur Verfügung zu haben, die Sie schnell warm machen können. Besprechen Sie es mit Ihrer Familie.

3. Bereiten Sie **zuckerfreie Vorspeisen** zu. Pumpernickel und ein paar Krabben, Lachs oder Käse sind sehr viel besser als die Variante mit Baguette.

4. Verschenken Sie keine Kekse, keinen Kuchen, keine Bonbons und bitten Sie andere, Ihnen auch **keine zu schenken**.

Serotoninspiegel stabilisieren

Im Scherz: Werfen Sie Ihren Fernseher aus dem Fenster. Im Ernst: Reduzieren Sie Ihren Fernsehkonsum. So drastisch wie möglich. Es gibt einen sehr, sehr engen Zusammenhang zwischen **Fernsehkonsum** und **Zuckersucht**. Die meisten Menschen essen nämlich beim Fernsehen entweder **Schokolade**, Kekse, Bonbons oder Salzstangen und **Chips**. Chips sind schlimmer als Schokolade, auch wenn sie stark gewürzt sind und salzig schmecken, aber sie sind voller Weißmehl und gesättigten Fetten. Fernsehen konditioniert viele Menschen auf Knabbern. Der Gipfel sind Abendserien, die die Sehnsucht nach der großen Liebe wecken, und nebenbei betäubt man sich mit Schokolade oder Eiscreme.

Wenn Sie die Zeit, die Sie vor dem Fernseher verbringen, mit Spaziergängen, Büchern, Entspannungs-CDs und Gesprächen verbringen, reduzieren Sie Ihren Zuckerkonsum (sei es nun als Schoko oder Weißmehl) drastisch. Wenn Sie Single sind, stellen Sie das Ding in den Keller. Wenn Sie einen zusätzlichen Fernseher im Schlafzimmer haben, dann bringen Sie wenigstens den in den Keller. Wenn Sie mit einem Partner leben, sprechen Sie mit ihm, ob es möglich ist, den Fernseher aus dem Wohnzimmer zu verbannen. In einer großen Wohnung kann man den Fernseher ins Hinterzimmer tun. Ich hatte einst eine Klientin, die Ihre Essstörung überwand, als sie zwei ihrer drei Fernseher wegwarf.

Ganz katastrophal sind Fernseher in der Küche. Grundsätzlich gilt: Wo auch immer Sie essen, FERNSEHER AUS. Wenn Sie essen und sich gleichzeitig ablenken, essen Sie sehr viel mehr, als Sie brauchen. Sie sind einfach nicht fähig zu spüren, wann sie eigentlich satt sind, wenn nebenbei geschossen und gekämpft wird. Ihr Dopaminspiegel jagt hoch, ihr Serotoninspiegel sinkt und schon haben Sie noch ein bisschen Hunger.

Wenn Sie die Zeit, die Sie vor dem Fernseher verbringen, mit Spaziergängen, Büchern, Entspannungs-CDs und Gesprächen verbringen, reduzieren Sie Ihren Zuckerkonsum.

Überdies: Während Sie fernsehen, werden Sie ständig mit viel, viel, sehr viel und sehr tückischer **Werbung** für Zucker, Milch, Schokolade, neuesten Süßigkeiten, Joghurt mit Früchten, fette Wurst usw. bombardiert. Selbst wenn Sie sich bewusst davon distanzieren, unbewusst wirkt diese Werbung. Zucker und gesättigte Fette, Weißmehl, also alles, was krank, süchtig und dick macht, wird ohne Unterlass als gesund, erlaubt und schlankmachend dargestellt. Die unbewusste Wirkung ist sehr viel stärker, als Sie glauben, und sie ist erwiesen.

Also: Weniger fernsehen!

DER HANDLUNGSSUCHENDE: ENTSPANNUNG LERNEN

Wenn Sie ein Gruppenmensch sind: Suchen Sie das Gespräch mit einem **Einzelnen**. Üben Sie sich im aktiven Zuhören. Was ist das Anliegen des anderen? Was möchte er mitteilen? Bekämpfen Sie jeden Impuls, den anderen zu **unterbrechen**. Wenn Sie dazu neigen, andere chronisch zu unterbrechen, und es merken, halten Sie mitten im eigenen Satz inne und sagen: „Entschuldigung. Bitte fahren Sie fort." Fokussieren Sie voll auf den anderen und beschäftigen Sie sich nicht mit dem, was Sie antworten werden, wenn der andere endlich aufgehört hat zu reden. Im Laufe der Zeit werden Sie es schaffen, eigene Störmanöver zu unterbrechen, bevor sie auftreten.

AKTIVIERUNGSÜBUNG FÜR DEN RUHESUCHENDEN

Gehen Sie in eine **Gruppe**, sei es im Kollegenkreis, im Freundeskreis wo auch immer. Nehmen Sie sich fest vor, Ihre Meinung zu äußern. Sie ist wichtig!

10. Woche: Endlich zuckerfrei!

Lassen Sie die letzten Wochen noch einmal Revue passieren: Was haben Sie nicht alles verändert. Wenn Sie auch nur einige Vorschläge umgesetzt haben, sind Sie erheblich weniger abhängig vom Zucker als zuvor.

Sucht ist immer ein ernstzunehmendes Problem, egal worauf man süchtig ist. Die Sucht auf Stoffe wie Heroin hat schlimmere soziale, körperliche und psychische Auswirkungen als die auf Zucker, aber das Grundproblem, die Abhängigkeit vom Stoff, ist das gleiche. Die körperlichen und psychischen Veränderungen, die erreicht werden müssen, damit die Abhängigkeit aufgegeben werden kann, sind vielfältig und komplex. Sie reichen von einer einfachen Änderung der Geschmacksgewohnheiten bis zu komplexen Verhaltensänderungen in sozialen Beziehungen.

Die Gefahr von Rückfällen ist immer gegeben. Sollte Ihnen das passieren, ist es das Beste, sich nicht zu verurteilen, sondern neu zu beginnen. Betrachten Sie es als **Vorfall**, nicht als **Rückfall**.

Und vor allem: Machen Sie kleine Schritte und seien Sie geduldig mit sich selbst. Zuckersüchtige neigen zu „Ganz oder gar nicht"-Aktionen. Sie meinen häufig, sie müssten alles auf einmal richtig machen, sonst würde es gar nicht funktionieren, alles auf einmal umsetzen oder gar nicht. Dieses „Ganz oder gar nicht"-Denken ist falsch, denn damit kann man nur scheitern. Das Motto heißt: Jeder auch noch so kleine Schritt in die richtige Richtung trägt zur Lösung des Problems „Zuckersucht" bei. Und für solche Schritte finden Sie hier die richtigen Anregungen.

Das Ziel ist eine ausgeglichene Psyche einerseits und eine gesunde Nebenniere andererseits. Die Nebenniere ist in den allermeisten Fällen fähig, sich schnell zu regenerieren und Ihren Cortisol- und Blutzuckerspiegel dann **ohne Stimulanzien** stabil zu halten. Das bedeutet, Sie haben nach einer gelungenen Ernährungsumstellung genug Energie zur Verfügung – ohne Zucker als Energiepusher. Ebenso wichtig ist jedoch auch, dass Sie lernen, sich ohne die Hilfe von Zucker zu beruhigen und zu entspannen. Zucker kann beides: Energie geben einerseits und beruhigen andererseits – und beides kann man auch ohne Zucker.